核电工程安全标准化及国际标杆实施图集

中广核工程有限公司　组编

中国矿业大学出版社

图书在版编目（CIP）数据

核电工程安全标准化及国际标杆实施图集 / 中广核
工程有限公司组编. — 徐州 : 中国矿业大学出版社,
2024.12. — ISBN 978-7-5646-6532-6

Ⅰ. F426.23-64

中国国家版本馆CIP数据核字第2024R9B474号

书　　名	核电工程安全标准化及国际标杆实施图集
	Hedian Gongcheng Anquan Biaozhunhua ji Guoji Biaogan Shishi Tuji
组　　编	中广核工程有限公司
责任编辑	吴学兵　黄本斌
出版发行	中国矿业大学出版社有限责任公司
	（江苏省徐州市解放南路　邮编221008）
营销热线	（0516）83885370　83884103
出版服务	（0516）83995789　83884920
网　　址	http://www.cumtp.com　E-mail:cumtpvip@cumtp.com
印　　刷	广东虎彩云印刷有限公司
开　　本	880 mm×1240 mm　1/16　**印张** 22.5　**字数** 561 千字
版次印次	2024年12月第1版　2024年12月第1次印刷
定　　价	180.00元

（图书出现印装质量问题，本社负责调换）

编委会

主　　任：宁小平

副 主 任：乔恩举、杨亚璋、马立民、刘勇（P209047）

委　　员：陈李华、龚伯阳、肖于勋、刘金伟、赵春光、黄祥俦、郭均、王晓炜、张征、杨甲文、凌峥、蒋鹏灿、陈军、刘志、何立涛、高占文、宋振辉、刘勇（P204186）、

张新明、贾钊、徐立明

编写组

主　　编：司马星

副 主 编：邓丹

参编人员：王自力、王超群、邓文、刘迎春、刘源涛、孙建、李森、李焱红、杨海清、岑林肯、赵天昆、莫泉仁、梅明、潘侨南、魏传凯
*（按姓氏笔画排序）

审核人员：王平、王硕、石栋、巩固、乔世刚、刘立雷、刘汝松、全威霖、杜建涛、杨星奎、张红川、陈治强、武来喜、费全伟、莫昌勇、徐文镜、曹仪霞、蒋锐、谭杰
*（按姓氏笔画排序）

主编单位：中广核工程有限公司

参编单位：

中国核工业华兴建设有限公司	中国能源建设集团天津电力建设有限公司	中交第四航务工程局有限公司
中国核工业二三建设有限公司	中国能源建设集团浙江火电建设有限公司	中国水电基础局有限公司
中国核工业第五建设有限公司	中铁二局集团有限公司	中国水利水电第九工程局有限公司
中核机械工程有限公司	中铁五局集团有限公司	中国水利水电第十四工程局有限公司
中国建筑第二工程局有限公司	中铁六局集团有限公司	中建筑港集团有限公司
中国电建集团核电工程有限公司	中铁十八局集团有限公司	广东力特工程机械有限公司
中国能源建设集团安徽电力建设第二工程有限公司	中铁隧道局集团有限公司	中国外运大件物流有限公司
中国能源建设集团东北电力第一工程有限公司	中交第三航务工程局有限公司	

*（排名不分先后）

Clean

Clean Energy
一个清洁能源产业集团

Green

Green Power
一个绿色持续电力系统

Nature

Nature Sustainability
一种自然共生发展模式

序

　　安全是核电企业的生命线，也是核电企业高质量发展的基石。中广核工程有限公司（以下简称"工程公司"）作为一家专业化的核电工程AE公司，始终把安全放在首位，建设安全的核电站，安全地建设核电站，不仅是公司核心竞争力的体现，也是公司愿景成为国际一流AE公司的使命担当，更是作为央企应当承担的社会责任和应尽义务。

　　安全标准化及国际标杆建设，是夯实企业安全生产基础工作的长效机制，是防范安全事故发生的有效方法工具，是巩固与提升现场安全管理水平的载体与实践。工程公司自2010年以来，把安全标准化及国际标杆建设作为安全生产的一项强基固本工作，并取得了显著业绩。《核电工程安全标准化及国际标杆实施图集》（以下简称《标杆图集》）是由工程公司组织、各主要参建单位共同参与、沉淀工程公司二十余年核电工程建设良好实践经验汇编而成，旨在为工程公司下属各核电工程项目标杆建设提供可视化指引。我们在核电工程项目管理过程中，要将《标杆图集》作为现场安全生产标准化建设的标准，引领各参建单位常态化开展标杆建设工作，实现核电工程现场安全管理的规范化、标准化和本质化。

　　所有事故都是可以预防的。让我们坚定信心，协同合作，始终坚持"安全第一、质量第一、追求卓越"的基本原则，落实"管生产必须管安全"的主体责任，践行严慎细实的工作作风，发挥标杆管理这一有效方法工具的作用，坚守"安全零伤害、环保零污染、行为零违规"目标，持续完善，持续提升，助力公司在华龙批量化建设中实现高质量发展。

工程公司党委书记、董事长：高小平

2024年5月10日

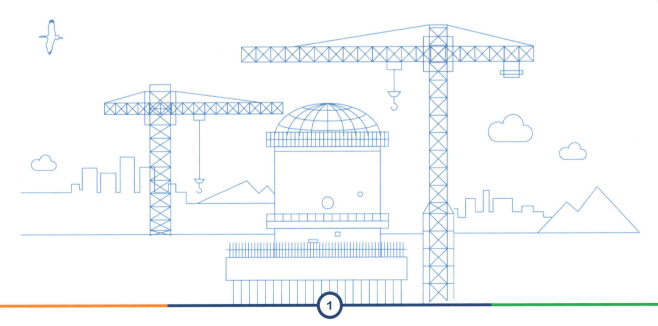

前言

　　《标杆图集》是以中国广核集团有限公司《核电工程安全标准化建设及国际标杆评价手册》为指引，依据国家现行安全生产法律法规和标准，在总结多年核电工程建设安全管理经验的基础上，由工程公司牵头，相关参建单位共同参与编制完成。

　　《标杆图集》按照现场标准化建设要素，分为安全标识篇、现场施工环境篇、安全与应急设施篇、施工器具篇、作业安全防护篇五大篇章，对核电工程现场安全标准化及国际标杆建设工作进行了规范，旨在为公司各核电工程项目、各参建单位提供可视化标杆建设指引，提升现场安全标准化建设水平，促进达成良好安全绩效，助力核电工程高水平发展。

本书编委会
2024年5月

中广核工程有限公司

目录

2024

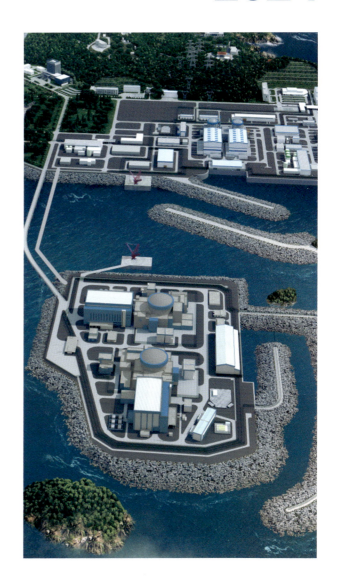

目录

2024

中广核工程有限公司

Clean

Clean Energy
一个清洁能源产业集团

Green

Green Power
一个绿色持续电力系统

Nature

Nature Sustainability
一种自然共生发展模式

CGN 中广核工程有限公司

A 安全标识篇

A-1 安全色　　　**A-1-1 安全色与对比色**

安 全 色：传递安全信息含义的颜色，包括红、黄、蓝、绿四种颜色。

对 比 色：使安全更加醒目的反衬色，包括黑、白两种颜色。

基本要求：安全色色彩模式代码（简称"CMYK"代码），应符合中广核要求。

红色：表示传递禁止、停止、危险或提示消防设备、设施的信息。

黄色：表示传递注意、警告的信息。

蓝色：表示传递必须遵守规定的指令性信息。

绿色：表示传递安全的提示性信息。

黑色：用于安全标志的文字、图形符号和警告标志的几何边框。

白色：用于安全标志中红、蓝、绿的背景色，也可用于安全标志的文字和图形符号。

红色 RED C:0 M:100 Y:100 K:0	绿色 GREEN C:100 M:0 Y:100 K:0
黄色 YELLOW C:0 M:0 Y:100 K:0	白色 WHITE C:0 M:0 Y:0 K:0
蓝色 BLUE C:100 M:0 Y:0 K:0	黑色 BLACK C:0 M:0 Y:0 K:100

参考标准:《安全色》（GB 2893—2008）

A-1 安全色   A-1-2 安全标记

安全标记：采用安全色和（或）对比色传递安全信息或者使某个对象或地点变得醒目的标记。

基本要求：安全色与对比色的条纹宽度应相等，即各占50%，斜度与基准面成45°。

宽度一般为100 mm，但可根据设备大小和安全标志位置的不同，采用不同宽度，在较小面积上其宽度可适当缩小。

黄色与黑色相间条纹：表示危险位置的安全标记。

红色与白色相间条纹：表示禁止或提示消防设备、设施位置的安全标记。

蓝色与白色相间条纹：表示指令的安全标记，传递必须遵守规定的信息。

绿色与白色相间条纹：表示安全环境的安全标记。

参考标准:《安全色》（GB 2893—2008）

A-1 安全色　　**A-1-3 企业标准色**

企业标准色：企业的标准色为深海蓝和阳光橙。除标准色以外的色系并非品牌直接识别元素，而是为了避免品牌视觉单调制定的一种补充调剂的方法，可使用一些非标准色的色彩组合。品牌色系决定着品牌气质和识别特征，通过指定的标准色彩系统强化品牌形象的一致性。

标准色

深海蓝
Pantone 653
C:100 M:70 Y:20 K:10
R:0 G:74 B:134

阳光橙
Pantone 166
C:0 M:70 Y:100 K:0
R:237 G:108 B:0

品牌色

Clean

Pantone 653
R:0 G:74 B:134
C:100 M:70 Y:20 K:10

Pantone 3015C
R:0 G:106 B:175
C:100 M:50 Y:10 K:0

Pantone Process CyanC
R:0 G:162 B:233
C:100 M:0 Y:0 K:0

Green

Pantone Hexachrome Green C
R:3 G:153 B:76
C:100 M:0 Y:100 K:0

Pantone 368C
R:131 G:192 B:52
C:55 M:0 Y:100 K:0

Pantone 809C
R:218 G:218 B:0
C:20 M:5 Y:100 K:0

Nature

Pantone 166
R:237 G:108 B:0
C:0 M:70 Y:100 K:0

Pantone 130C
R:246 G:173 B:2
C:0 M:40 Y:100 K:0

Pantone 108C
R:254 G:217 B:0
C:0 M:15 Y:100 K:0

A-2 安全标志 | **A-2-1 通用安全标志**

颜　色：安全标志所用颜色应符合GB 2894、GB 2893规定。

材　质：安全标志应采用坚固耐用的材料制作，一般不宜使用遇水变形、变质或易燃的材料；有触电危险的作业场所应使用绝缘材料；室内环境建议使用亚克力、PVC等，室外环境可采用铝板、不锈钢等。

尺　寸：安全标志尺寸应符合GB 2894、GB/T 2893.1等规定，安全标志外框下方设置logo（企业标识），可根据安全标志尺寸等比例缩放。

安　装：标志牌应设在与安全有关的醒目地方，不应设在门、窗、架等可移动的物体上，平面与视线夹角应接近90°，最小夹角不低于75°。

排列顺序：多个安全标志在一起设置时，要按照警告、禁止、指令、提示类型的顺序，先左后右、先上后下地进行排列。组合使用时，外框可单独设置，也可合并后设置。

排列顺序示例

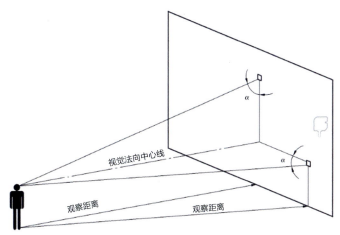

标志牌平面与视线夹角 α 不低于75°

参考标准：《安全色》（GB 2893—2008）

《图形符号 安全色和安全标志》（GB/T 2893.1—2013，GB/T 2893.3—2010，GB/T 2893.5—2020）

 中广核工程有限公司

A-2 安全标志　　A-2-1 通用安全标志　　警告标志

警告标志：提醒人们注意防范周围环境中的风险。

基本要求：警告标志牌的基本形式是黑色的正三角形边框，背景色为黄色，显示黑色图形符号。

边框用黄色勾边，边宽为标志边长的2.5%。

中文辅助文字宜采用笔画粗细一致的字体，如黑体。

英文辅助文字宜采用笔画粗细相近的无衬线字体，首字母大写。

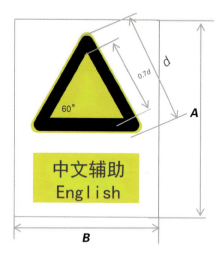

当心触电
Warning
electric shock

当心坑洞
Warning
hole

当心坠物
Warning
falling objects

当心爆炸
Warning
explosion

当心火灾
Warning
fire

当心吊物
Warning
overhead load

当心坠落
Warning
drop down

当心机械伤人
Warning
mechanical injury

当心裂变物质
Warning
fission matter

当心电离辐射
Warning
ionizing radiation

尺寸	A	B	d
甲	800	600	450
乙	500	375	280
丙	300	225	175
丁	200	150	110

常见规格与尺寸（单位：mm）

参考标准：《安全色》（GB 2893—2008）

《图形符号 安全色和安全标志》（GB/T 2893.1—2013，

GB/T 2893.3—2010，GB/T 2893.5—2020）

A-2 安全标志　　A-2-1 通用安全标志　　禁止标志

禁止标志：禁止人们不安全行为的图形标志。

基本要求：禁止标志的基本形式是带斜杠的红色圆边框，覆盖黑色的图形符号。

中文辅助文字宜采用笔画粗细一致的字体，如黑体。

英文辅助文字宜采用笔画粗细相近的无衬线字体，首字母大写。

尺寸	A	B	a	b=d
甲	800	600	200	450
乙	500	375	125	280
丙	300	225	75	175
丁	200	150	50	110

常见规格与尺寸（单位：mm）

参考标准：《安全色》（GB 2893—2008）

《图形符号 安全色和安全标志》（GB/T 2893.1—2013，

GB/T 2893.3—2010，GB/T 2893.5—2020）

A-2 安全标志　　**A-2-1 通用安全标志**　　**指令标志**

指令标志：强制人们必须做出某种动作或采用防范措施的图形标志。

基本要求：指令标志牌的基本形式是圆形边框，背景色为蓝色，显示白色图形符号。

中文辅助文字宜采用笔画粗细一致的字体，如黑体。

英文辅助文字宜采用笔画粗细相近的无衬线字体，首字母大写。

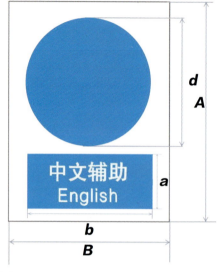

尺寸	A	B	a	b=d
甲	800	600	200	450
乙	500	375	125	280
丙	300	225	75	175
丁	200	150	50	110

常见规格与尺寸（单位：mm）

参考标准：《安全色》（GB 2893—2008）

《图形符号 安全色和安全标志》（GB/T 2893.1—2013，

GB/T 2893.3—2010，GB/T 2893.5—2020）

必须戴安全帽 Must wear safety helmet ・ 必须戴防护眼镜 Must wear protective goggles ・ 必须戴护耳器 Must wear ear protector ・ 必须戴防尘口罩 Must wear dustproof mask ・ 必须戴防毒面具 Must wear gas defence mask

必须穿防护鞋 Must wear protective shoes ・ 必须戴防护手套 Must wear protective gloves ・ 必须系安全带 Must fastened safety belt ・ 必须穿救生衣 Must wear life jacket ・ 必须加锁 Must be locked

A-2 安全标志　　A-2-1 通用安全标志　　提示标志

提示标志：向人们提供某种信息（如标明安全设施或场所等）的图形标志。

基本要求：提示标志牌的基本形式是正方形边框，背景为绿色，显示白色图形符号。

中文辅助文字宜采用笔画粗细一致的字体，如黑体。

英文辅助文字宜采用笔画粗细相近的无衬线字体，首字母大写。

提示标志提示目标的位置时可在标志旁边加上方向辅助标志。

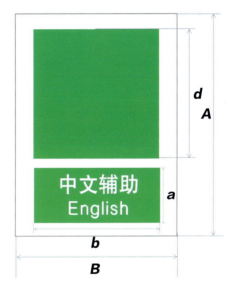

尺寸	A	B	a	b=d
甲	800	600	200	450
乙	500	375	125	280
丙	300	225	75	175
丁	200	150	50	110

常见规格与尺寸（单位：mm）

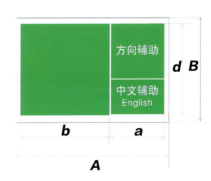

尺寸	A	B	a	b=d
甲	800	4/0	320	450
乙	480	300	175	285
丙	300	185	110	175
丁	185	115	65	110

常见规格与尺寸（单位：mm）

参考标准：《安全色》（GB 2893—2008）

《图形符号 安全色和安全标志》（GB/T 2893.1—2013，

GB/T 2893.3—2010，GB/T 2893.5—2020）

A-2 安全标志　　**A-2-2 职业健康安全标志**

基本要求：在存在职业危害的入口或作业场所的显著位置设置，可设置需要警告的职业病危害因素、指令的防护用品以及其他标识等内容。

颜色、材质、尺寸等其他要求可参考本书 A-2-1。

使用有毒物品作业场所示例

粉尘作业场所示例

灼伤和腐蚀作业场所示例

噪声作业场所示例

参考标准：《工作场所职业病危害警示标识》（GBZ 158—2003）

A-2 安全标志　　A-2-2 职业健康安全标志

职业病危害告知卡

设置要求：存在职业病危害工作场所的入口处，产生职业病危害的作业岗位或设备附近的醒目位置。

材　　质：PVC板、金属板或不干胶。

尺　　寸：推荐2 000 mm×1 200 mm、900 mm×600 mm、600 mm×400 mm、300 mm×200 mm，也可等比例缩放。

其他示例

参考标准：《工作场所职业病危害警示标识》（GBZ 158—2003）

A-2 安全标志　　**A-2-3 消防安全标志**

颜　　色：消防安全标志颜色通常有红色、绿色和黄色。红色正方形标示消防设施(如火灾报警装置和灭火设备)；绿色正方形提示安全状况(如紧急疏散逃生)；带斜杠的红色圆形表示禁止；黄色等边三角形表示警告。

材质/尺寸：可参考本书A-2-1，推荐尺寸d=110 mm。

火灾报警装置标志示例

灭火设备标志示例

参考标准：《消防安全标志 第1部分：标志》（GB 13495.1—2015）

中广核工程有限公司

A-2 安全标志　　**A-2-3 消防安全标志**

消防安全重点部位

颜　　色：标志牌主体颜色为红色。

材　　质：标志牌材料采用铝合金板。

尺　　寸：推荐600 mm×400 mm。

设置要求：在消防安全重点部位安装，以引起重视。需要搭配火灾类相关警示标志使用。

消防类禁止标志示例

禁止烟火 No burning　禁止阻塞 Do not obstruct　禁止燃放鞭炮 No fireworks　禁止燃放易燃物 No flammable materials　禁止锁闭 Do not lock　禁止用水灭火 Do not extinguish with water

疏散逃生标志示例

参考标准：《消防安全标志 第1部分：标志》（GB 13495.1—2015）

A-2 安全标志　　　　**A-2-4 交通安全标志**

颜　　色：不同类型的交通标志颜色不同，但应满足GB 5768.2 的规定。

材　　质：PVC板、金属板。

尺　　寸：推荐圆形标志直径600 mm，三角形标志边长700 mm，衬边为4 mm。建议直接购买符合国家标准的交通标志牌。

安　　装：需要根据道路交通合理设置交通标志牌，路侧标志内边缘不应侵入道路建筑限界，距车行道、人行道、渠化岛的外侧边缘或土路肩应不小于25 cm。交通标志与立柱配合

　　　　使用（立杆高度为150~250 cm），制作时选用的材质应考虑具有反光能力，以满足夜间通行可视要求。

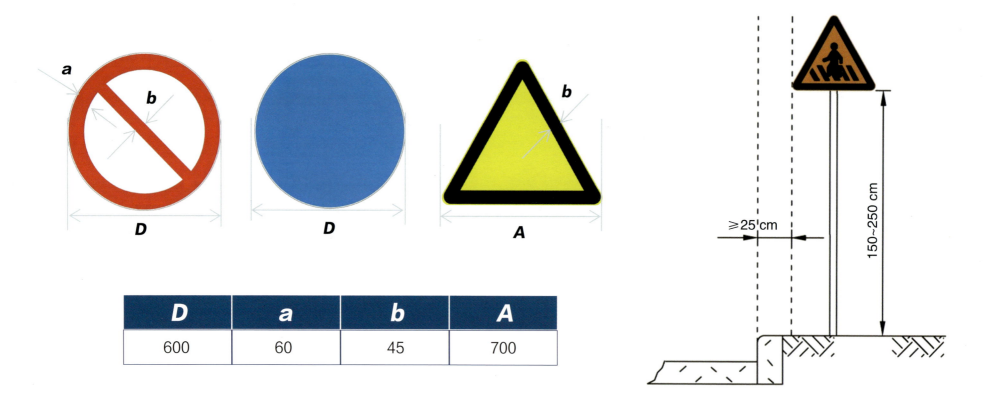

D	a	b	A
600	60	45	700

参考标准：《道路交通标志和标线 第2部分：道路交通标志》（GB 5768.2—2022）

中广核工程有限公司

| A-2 安全标志 | A-2-4 交通安全标志 |

禁令标志示例

禁止驶入　禁止通行　禁止车辆停放　禁止掉头　禁止超车

交通警告标志示例

交叉路口　连续下坡　右侧绕行　前方道路施工

交通指示标志示例

环岛行驶　大型货车靠右行驶　行人　允许掉头　货车通行

参考标准：《道路交通标志和标线 第2部分：道路交通标志》（GB 5768.2—2022）

A-2 安全标志　　**A-2-4 交通安全标志**

指路标志示例

设置要求：指路标志作为道路信息的指引，应为驾驶人提供去往目的地所经过的道路、地点、距离和行车方向等信息。

同一方向选取两个信息时，应在一行或两行内按照信息由近到远的顺序由左至右或由上至下排列，且指直行方向信息不宜竖向排列。

标志版面信息排列示例

交叉路口预告

地点距离

参考标准：《道路交通标志和标线 第2部分：道路交通标志》（GB 5768.2—2022）

指示标志示例

设置要求：用以解释道路设施指引、路外设施或告示有关道路交通安全法规及交通管理安全行车的提醒等内容。

交通监控设备信息示例

系安全带

前方车道控制

交替通行

驾驶时禁用手持电话

禁扔弃物

严禁空挡下坡

参考标准：《道路交通标志和标线 第2部分：道路交通标志》（GB 5768.2—2022）

A-2 安全标志　　A-2-5 环境保护标志

环境保护标志

颜　色：环境保护标志包括黄色的警示标志和绿色的提示标志。

材　质：标志牌采用1.5~2 mm冷轧钢板；立柱采用38 mm×4 mm无缝钢管。

尺　寸：参考本书 A-2-1。

A-2 安全标志   **A-2-5 环境保护标志**

一般环境卫生标志

颜　　色：设施标志的构成元素应为蓝色，衬底色应为白色。

材　　质：金属制、PVC板、防水贴纸。

尺　　寸：推荐200 mm×150 mm不含外框的常规尺寸。

垃圾分类标志

颜　　色：分为蓝、红、绿、黑四种颜色，可以用这四种颜色作为标志底色，也可用于标志本身的颜色。

材　　质：PVC板或在垃圾桶上直接印刷。

尺　　寸：推荐200 mm×140 mm，建议直接采购成品。

A	B	d	a
200	150	100	50

常见尺寸（单位：mm）

参考标准：《生活垃圾分类标志》（GB/T 19095—2019）

A-2 安全标志　　**A-2-6 危险废物标志**　　**危险废物标签**

颜　　色：危险废物标签背景色应采用醒目的橘黄色，RGB 颜色值为（255，150，0）。标签边框和字体颜色为黑色，RGB 颜色值为（0，0，0）。

材　　质：标签可采用不干胶印刷品，或印刷品外加防水塑料袋或塑封。

尺　　寸：100 mm×100 mm、150 mm×150 mm、200 mm×200 mm。

其他要求：容积超过 450 L 的容器或包装物，应在相对的两面都设置危险废物标签。当危险废物容器或包装物还需同时设置危险货物运输相关标志时，危险废物标签可与其分开设置在不同的面上，也可设在相邻的位置。

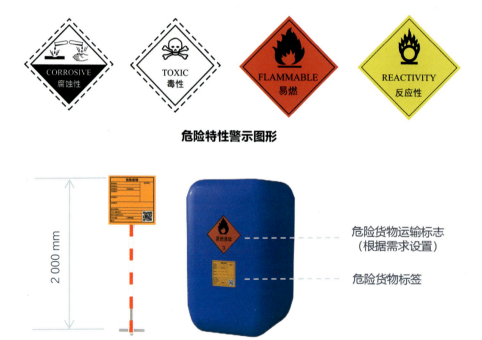

危险特性警示图形

参考标准：《危险废物识别标志设置技术规范》（HJ 1276—2022）

颜　色：危险废物分区标志背景色应采用黄色，RGB 颜色值为（255, 255, 0）。废物种类信息应采用醒目的橘黄色，RGB 颜色值为（255, 150, 0）。

材　质：可采用印刷纸张、不粘胶材质或塑料卡片。

尺　寸：300 mm × 300 mm、450 mm × 450 mm、600 mm × 600 mm。

其他要求：危险废物贮存分区标志应包含但不限于设施内部所有贮存分区的平面分布、各分区存放的危险废物信息、本贮存分区的具体位置、环境应急物资所在位置以及进出口位置和方向。

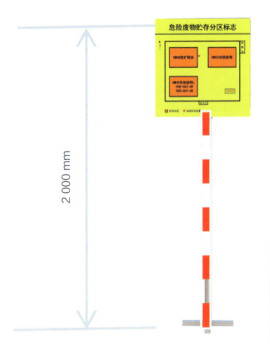

参考标准：《危险废物识别标志设置技术规范》（HJ 1276—2022）

A-2 安全标志　　**A-2-6 危险废物标志**　　**危险废物贮存、利用、处置设施标志**

颜　　色：危险废物设施标志背景颜色为黄色，RGB 颜色值为（255，255，0）。

材　　质：宜采用坚固耐用的材料（如 1.5～2 mm 冷轧钢板），并做搪瓷处理或贴膜处理。

尺　　寸：900 mm×558 mm、600 mm×372 mm、300 mm×186 mm。

其他要求：危险废物贮存、利用、处置设施标志应包含三角形警告性图形标志和文字性辅助标志；应以醒目的文字标注危险废物设施的类型。

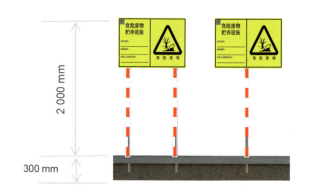

参考标准：《危险废物识别标志设置技术规范》（HJ 1276—2022）

A-3 安全信息牌　　　　**A-3-1 基础信息类**　　　　**通用要求**

颜　　色：蓝色（C:100 M:70 Y:20 K:10）。

材　　质：PVC板、金属板或不干胶。

尺　　寸：推荐300 mm×200 mm，其余根据现场实际等比例缩放。

设置要求：用于施工场所基础信息告知，包括责任信息、设备设施基础信息、物料位置信息、建筑物标高、承重物承重信息等，可以结合二维码一起使用。

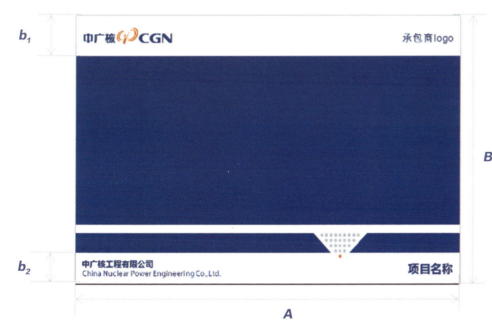

尺寸	A	B	b₁	b₂
甲	2 000	1 200	200	145
乙	900	600	90	70
丙	500	333	50	39
丁	300	200	30	23

常见规格与尺寸（单位：mm）

中广核工程有限公司

危大工程施工告知牌

中广核 CGN　　　　　　　承包商logo

危大工程名称		
类　　型	□ 危险性较大的	□ 超过一定规模的
作 业 时 间	_____年_____月_____日——_____年_____月_____日	
控 制 措 施	1.　2.　3.　4.　……	
施工管理责任人	姓名+电话	安全监督责任人	姓名+电话

中广核工程有限公司
China Nuclear Power Engineering Co.,Ltd.　　　　　　　项目名称

危大工程验收牌

中广核 CGN　　　　　　　承包商logo

工程名称				
危大工程名称				
项目负责人		项目技术负责人		项目安全负责人
专项方案论证时间			施工开始时间	
参与验收单位人员	施工单位人员	总承包单位人员	监理单位人员	其他相关人员
验收结论	□ 验收合格		□ 验收不合格	
验收时间				

中广核工程有限公司
China Nuclear Power Engineering Co.,Ltd.　　　　　　　项目名称

A-3 安全信息牌　　**A-3-1 基础信息类**　　**电缆桩信息牌**

材　　质：PVC板、金属板或不干胶。

尺　　寸：根据电缆桩大小匹配。

设置要求：用于施工现场需要对埋设的临时管线电缆进行标记的场所，标识埋设位置和走向等信息。

A-3 安全信息牌 **A-3-1 基础信息类**

材料状态标识信息牌

材　　质：不粘胶、铝合金板。

尺　　寸：推荐300 mm×200 mm、600 mm×400 mm。

设置要求：标识材料的各种状态。

建筑物标识牌

材　　质：金属制、PVC板、防水贴纸。

尺　　寸：推荐70 mm×70 mm。

设置要求：设置在现场构筑物外侧用以标明构筑物名称。

A-3 安全信息牌　　A-3-2 警告禁止信息类

颜　色：红色。

材　质：PVC板、金属板或不干胶。

尺　寸：推荐300 mm×200 mm，其余根据现场实际等比例缩放。

设置要求：设置在施工现场存在各类风险的场所入口，需进行必要警示、警告风险因素的施工场所，可配合A-2禁止、警告类安全标志使用。

尺寸	A	B	b_1	b_2
甲	2 000	1 200	200	145
乙	900	600	90	70
丙	500	333	50	39
丁	300	200	30	23

常见规格与尺寸（单位：mm）

警告禁止信息类示例

A-3 安全信息牌　　　　**A-3-3 特殊场所、设备与人员类**

小型设备机具检查合格标签

颜　　色：可采用红、黄、蓝、绿四种颜色，分别代表一、二、三、四季度。

材　　质：不干胶贴。

尺　　寸：60 mm × 42 mm。

脚手架信息牌

颜　　色：禁止使用为红色，允许使用为绿色。

材　　质：PVC板，悬挂于脚手架通道口或爬梯入口处。

其他要求：现场"爬梯信息牌""作业平台信息牌"可视现场实际情况按此模板制作。

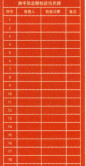

A-3 安全信息牌　　A-3-3 特殊场所、设备与人员类

塔式起重机安装验收牌

材　质：聚丙烯不干胶、金属制。

尺　寸：推荐2 000 mm×1 200 mm，应根据实际情况调整。

安　装：一般设置在塔吊基础围栏或塔吊外立面显著位置。

施工升降机安装验收牌

材　质：聚丙烯不干胶、金属制。

尺　寸：推荐尺寸2 000 mm×1 200 mm，应根据实际情况调整。

安　装：一般设置在施工升降机基础围栏或施工升降机外立面显著位置。

A-3 安全信息牌　　**A-3-3 特殊场所、设备与人员类**

风险告知牌

材　　质：聚丙烯不干胶、金属制。

尺　　寸：推荐2 000 mm×1 200 mm，应根据实际情况调整。

安　　装：一般设置在具有一定风险的设备设施、场所或作业现场。

A-3 安全信息牌 | **A-3-3 特殊场所、设备与人员类**

调试系统隔离警告标牌

设置要求：设置于调试系统与电站其他系统之间的边界设备上，用于标注该设备的

授权操作人员，防止非授权人员误操作。

调试试验标牌

设置要求：绿色试验票：由调试试验人挂锁管辖，非调试授权人不得操作。

红色试验票：由运营单位挂锁管辖，非运营单位授权人员不得擅自操作。

禁 止 操 作
LOCKED FOR SAFETY

票号/PERMIT NO.
日期/DATE
开工时间/WORK START TIME
设备代号   状态
REFERENCE CODE   STATE
试验负责人   电话号码
TEST SUPERVISOR   TELEPHONE
工作负责人   电话号码
WORK SUPERVISOR   TELEPHONE

a

1.5a

机组号/UNIT NO.
日期/DATE   编号/PERMIT NO.
试验开始时间/TEST START TIME

试 验 人 管 辖
AT DISPOSAL FOR TEST

地点/LOCATION
设备代号   状态
REFERENCE CODE   STATE
说明/DESCRIPTION
试验负责人
TEST SUPERVISOR

机组号/UNIT NO.
日期/DATE   编号/PERMIT NO.
地点/LOCATION   开工时间/WORK START TIME
设备代号   状态
REFERENCE CODE   STATE
说明/DESCRIPTION
工作负责人
WORK SUPERVISOR

禁 止 操 作
LOCKED FOR SATETY

A-3 安全信息牌　　A-3-3 特殊场所、设备与人员类

事故灾难报警单

颜　　色：标识牌主体颜色为红色。

材　　质：铝合金板。

尺　　寸：推荐2 000 mm×1 200 mm。

用　　途：指引人员迅速告知事故信息。

应急汇合点指示牌

材　　质：铝合金板。

尺　　寸：1 000 mm×600 mm。

设置要求：便于人员集中、交通便利的户外空旷区域。

中广核工程有限公司

医务室标识牌

材　质：铝合金板。

尺　寸：推荐600 mm × 400 mm。

安　装：用于现场医务室，可根据实际配合提示标识"急救点"

或"紧急医疗站"一起使用。

人员资格标识

材　质：帽贴材料为不干胶，袖章材料为布料。

尺　寸：推荐70 mm × 60 mm。

设置要求：用于现场特殊工种与关键岗位人员的目视管理及考核注册。

帽贴　　　　　　　　**袖章**

A-4 线条标识

防踏空标识

颜　　色：黄色(Y100)、黑色（K100）相间线条。

尺　　寸：线宽100 mm。

设置要求：用于通道有落差（如楼梯等）处，提醒人们注意地面落差，防止踏空，如：楼梯第一台阶、人行通道高差300 mm以上的边缘处。

防碰头标识

颜　　色：黄色（Y100）、黑色（K100）相间线条。

尺　　寸：线宽150 mm，线条与水平线间夹角45°。

设置要求：用于各类管道、横梁、构架等底部距地面净高小于1.8 m处，提醒人们注意头部障碍物，防止碰头，同时可采取软质材料包裹。

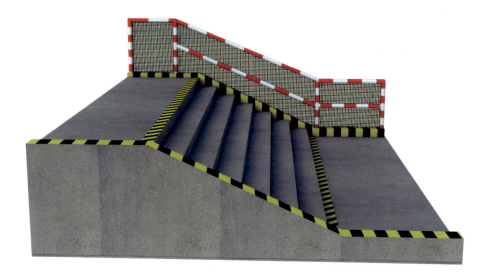

A-4 线条标识

禁止阻塞线

颜　色：黄色（Y100）。

尺　寸：线宽100 mm，线条与主通道行进方向或与箱柜正面底线间的夹角为45°。

设置要求：用于配电箱、灭火器的前方以及主通道、其他禁止阻塞的区域，警告人们请勿占用或阻塞该区域。

安全警戒线

颜　色：黄色（Y100）。

尺　寸：线宽100 mm。

设置要求：用于生产、试验室、库房、堆场区域中可能造成人员伤害、误碰设备威胁安全运行的区域，提醒人们不要误入相应区域、误碰设备。安全警戒线也可用于区域定置化画线标识。

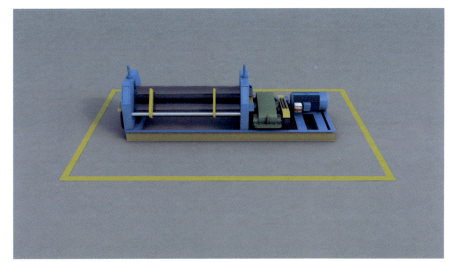

中广核工程有限公司

A-5 宣传

六牌两图一栏

设置要求：六牌两图一栏包括工程概况、管理人员名单（组织机构）及监督电话牌、安全生产牌、文明施工牌、消防保卫牌、入场须知牌、施工现场总平面图、安全文明施工区域划分图、职业病防治公告栏。六牌两图一栏应满足防雨、照度要求，当自然光无法满足要求时应在适当位置设置射灯，射灯应满足安全用电要求。

A-5 宣传

宣传栏

用　途：适用于厂区安全文明施工宣传，内容根据实际需要编写。

材　质：不锈钢钢管、金属制背板等。

尺　寸：单个宣传栏尺寸推荐2 000 mm×2 500 mm。

标语横幅

颜　色：横幅颜色为红底白字，其他标语颜色符合企业品牌标准色要求。

材　质：条幅采用"国旗红"绸布制作，字体印刷采用丝网印刷，保证雨水冲刷不掉。

尺　寸：横幅绸布3 000 mm×1 000 mm,字体高度530 mm,长度可根据实际调整。其他宣传标语推荐尺寸500 mm×700 mm。

外挂旗帜

颜　色：适用于厂区道路两侧悬挂，内容根据实际需要编写。

材　质：旗帜用布料。

尺　寸：单个尺寸推荐400 mm×1 200 mm。

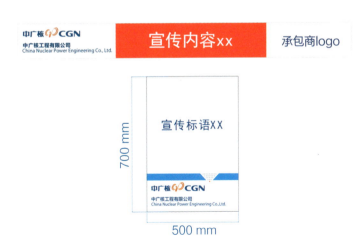

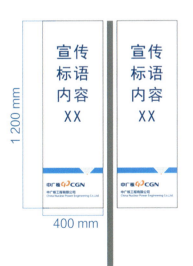

B-1 安保与出入控制　　B-1-1 临时大门和周界　　临时大门

① 岗亭

功　　能：为室外执勤警卫避暑驱寒、遮风挡雨。

材　　质：钢结构和钢化玻璃。

② 道闸

功　　能：出入口处限制机动车行驶。

③ 警卫室

功　　能：警卫备勤、休息、办公，存放执勤所需的装备、工具和设备。

材　　质：钢结构与铁皮组成的临时集装箱或活动板房。

围网

尺　　　寸：高度≥2 m。

网 格 设 置：可选择框架护栏网或双边丝护栏网，网格采用低碳钢丝表面浸塑处理。

立 柱 设 置：可选择圆形或方形立柱，立柱采用低碳钢管、不锈钢管和铝合金。

围挡

尺　　　寸：高度≥2 m。

网 格 设 置：采用高强度PVC板。

立 柱 设 置：PVC立柱，内置铁方管。

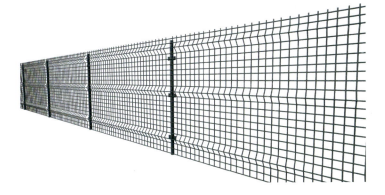

B-1 安保与出入控制　　　B-1-2 门禁与监控

门禁系统

门禁系统采用人脸识别加卡证识别并行的验证方式。前端闸机通行，加载卡证和人脸识别平板联动，对通行人员进行身份比对和核验，同步自动记录人员出入时间，与后台人员管理模块对接，实现人员出入权限控制。

监控布置

球机　　　　鹰眼球机　　　　移动天眼 安全监控

枪机　　　　　　　　　　　移动摄像

场地	摄像机类型	设置要求
施工区、临建区	球机+枪机	球机宜布置在高大设备或建筑物上，要求视野广阔；枪机布置在厂房（车间）内，监控重要部位
公共道路	枪机	道路全覆盖、重要路段多角度重复覆盖
重要库区	球机+枪机	全覆盖，特殊情况需满足防爆要求
重要部位	枪机	需要持续关注部位
门禁	枪机	全覆盖
休息区	枪机	全覆盖
边界区	枪机+球机	枪机全覆盖，少量球机配合
厂区高地势区	鹰眼球机	全覆盖、监控支架防抖
前期及边零散区域	移动摄像头	按需设置，张贴标识牌

B-1 安保与出入控制 | **B-1-2 门禁与监控** | **监控中心**

基本功能

安质环管理相关数据实时展示。

对重点部位、隐蔽工程、关键工序实施全过程在线监控，覆盖桌面端、手机端，实时监控施工生产

安全状态，并通过 AI 技术实现隐患自动排查和提醒。

设施设备配备

监控和办公的电脑。

展示监控录像和工地安全指标的LED大屏。

广播控制系统。

其他办公设施。

B-1 安保与出入控制　　B-1-3 安保装备

巡逻车辆

外　　观：车身上张贴有"核电保卫"字样。

功　　能：动力满足核电厂区治安、交通管控巡逻要求。

　　　　　　底盘能适应厂区非铺装路面巡逻需求。

装备配置：随车配置交通警示锥20个、警示带10卷、喊话器1个。

防暴装备架

材　　质：冷轧钢板。

功　　能：可拆卸，便于收纳，整齐摆放各种防暴装备。

装备配置：配备安保八件套。

执法记录仪

配置对象：日常执勤警卫。

续　　航：满足一班次巡检时长。

防　　水：不低于P6级标准。

其　　他：集摄像、照相、录音功能于一体，具备现场回放和存储、数据加密功能。

安保八件套

防暴盾牌　　　　防暴头盔　　　　防刺背心　　　　强光手电

防割手套　　　　橡胶棍　　　　　抓捕器　　　　　防暴钢叉

Clean
Clean Energy
一个清洁能源产业集团

Green
Green Power
一个绿色持续电力系统

Nature
Nature Sustainability
一种自然共生发展模式

B-2 现场道路   **B-2-1 道路规划基本要求**

① 车道

路面设置

混凝土路面或沥青路面应具有足够的强度和稳定性，路面平整、密实，具有路面刻纹或振荡型标线等防滑措施，并符合设计要求。

当土石方道路为临时道路，路面应铺设碎石或整齐块石，路面应具有足够的强度和良好的稳定性，表面平整、密实、粗糙度适当。

宽度、坡度、转弯半径

单车道宽度不小于4.5 m，双车道宽度不小于8 m，且符合下表要求。

道路类别	路面宽度（m）	坡度		转弯半径（m）	
		纵坡	横坡	交叉口路面内边缘最小转弯半径	最小圆曲半径
主干道	7～9	≤6%	宜1%～2%	12	行驶单辆汽车时：不宜小于15；行驶拖挂车时：不宜小于20。
次干道	6～7	≤8%		9	
支道	3.5～4.0	≤9%		9	
车间引道	与车间大门宽度相适应	≤9%		—	

② 人行通道

道路需硬化50 mm厚混凝土的双向人行道，人行道宜铺设蓝色防滑颗粒。

人行道宽度符合下表要求，当人行道宽度超过1.5 m时，宜按0.5 m的倍数递增。

设置区域	宽度
沿主干道	1.5 m
其他	≥0.75 m

③ 混凝土挡墙

路侧临边的道路应设置钢筋混凝土挡墙。

④ 两侧防护

道路两侧安装波形护栏。

⑤ 围栏设置

人行道与车行道应设配件式钢管围栏隔离且连贯。

⑥ 排水设施

混凝土道路或沥青道路侧应根据设计设置排水沟并加装盖板，土石方路侧排水沟净空不得小于40 cm x40 cm。

参考标准：《城市道路交通设施设计规范》（GB 50688—2011）

《厂矿道路设计规范》（GBJ 22—1987）

《城市道路工程设计规范》（CJJ 37—2012）

B-2 现场道路　　**B-2-2 道路附属设施**

交通信号灯

设置于十字交叉路口、施工路段、主干道等位置，可根据需要安装固定式或移动式交通信号灯。

测速装置

设置在主要道路，用于实时监控现场车辆是否超速。可根据需要安装固定式或移动式车辆电子测速仪。

爆闪灯

设置在连续下坡路段、道路交汇口等危险路口或事故多发路口，提高路口的辨识度。

交通安全岛

设置在往返车行道之间，供行人横穿道路临时停留的交通岛。

道钉

设置于道路标线中间或双黄线中间，提醒驾驶员按车道行驶。

减速带

设置于车况复杂路口及容易引发交通事故的路段，使车辆控制车速。

转角镜

安装于道路转角处，可扩大驾驶员视野，及时发现弯道对面的车辆及行人。

道路标线、标志

道路交通标志和标线符合 GB 5768 的要求。

参考标准：《城市道路交通设施设计规范》（GB 50688—2011）

场内护栏

适用范围：厂房道路的防护。

设置要求：设置在起始点、交通分流处三角地带，以及隧道入、出口处等位置，应进行便于失控车辆安全导向的端头处理；护栏从路面到顶部的高度宜为1 m。

隔离防护栏杆

适用范围：非主干道人车分流、其他区域人行道隔离。

设置要求：隔离防护栏杆高度为1.2 m，立柱及上横杆采用DN63钢管，中下横杆采用DN32钢管。

钢管面刷500 mm蓝白/红白相间油漆。

立柱采用膨胀螺栓固定。

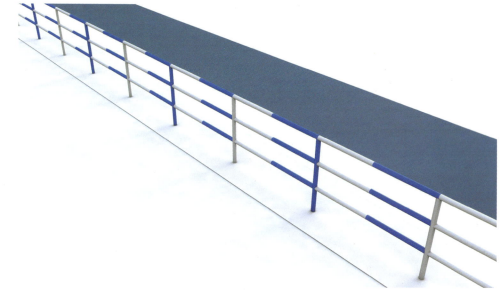

中广核工程有限公司

B-2 现场道路　　**B-2-2 道路附属设施**

隔离墩护栏

适用范围：道路（口）临时封闭、交通管制、道路两侧等防护。

设置要求：水泥墩采用混凝土结构，表面刷红白反光油漆，中心间距为3 m。

水泥墩间安装钢管2根，钢管刷300 mm的红白相间反光漆，水泥墩正背面

刷上红白反光油漆，顶上喷有"临边危险"提示语。

防撞墩

适用范围：道路侧边有排洪沟、人行道、边坡等区域。

设置要求：防撞墩为钢筋混凝土结构，表面刷黄黑相间反光油漆。

尺　　寸：2 m x0.4 m x0.8 m，间距1.5 m。

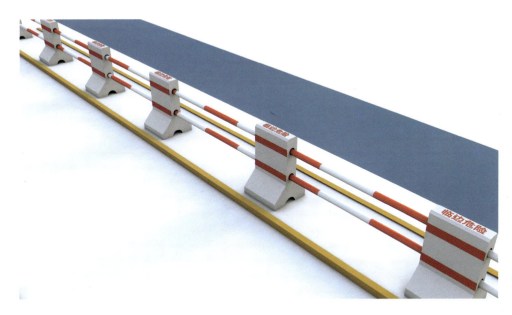

B-2 现场道路　　　　**B-2-2 道路附属设施**

停车场

设置要求：地面宜采用透水混凝土地面或植草砖铺设。

应采用黄色油漆画出停车位，超过10个停车位时应当用白色油漆依序标明车位号。

场内应采用不低于1%的放坡，设置排水沟。

区域内应设置交通导行、限速等交通安全标志。

场内应配置灭火器等消防设施。

B-2 现场道路   **B-2-2 道路附属设施**

班车停靠点

设置要求：现场设置班车停靠点，用于员工上下车候车使用。

停靠点应设置候车棚，规划专用候车通道。

地面画班车临时停靠车位标识，现场设置候车信息牌。

B-2 现场道路　　**B-2-2 道路附属设施**

制动坡

设置要求：长下坡路段应修建应急制动坡，制动坡车床堆填豆砾石，三边浇筑钢筋混凝土挡墙，挡墙涂刷黄黑反光漆，内侧挂防撞轮胎。

尺　　寸：单坡道净宽不小于6 m；挡墙宽度0.4 m，高度1.6 m。

参考标准：《城市道路交通设施设计规范》（GB 50688—2011）

B-2 现场道路　　**B-2-2 道路附属设施**

临边挡坎

适用范围：临时运输道路应在临边侧设置临时挡土坎，保障车辆运输安全。

尺　　寸：等边梯形设置。

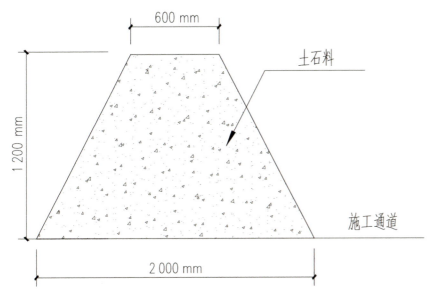

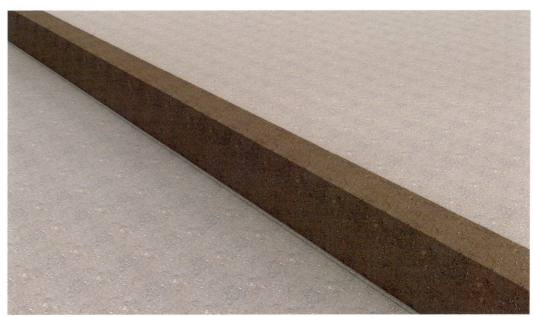

参考标准：《城市道路交叉口设计规程》（CJJ 152—2010）

发票台

功　　能：土石方车辆计数票证的发放。

设置要求：设置在土台或混凝土台上，发票台道路一侧布置水马。

在驾驶室同侧，发票台前后设置醒目车辆导流装置。

禁止设置在上下坡处，应设置在平整开阔路段。

环形交叉口

设置要求：适用于多路交汇或转弯交通量较均衡的交叉口，相邻道路中心线间夹角宜大致相等。坡向交叉口的道路，纵坡度大于或等于3％时，不宜采用环形平面交叉。

中心岛的形状根据交通条件可采用圆形、椭圆形、圆角菱形、卵形等，中心岛上不应布设人行道、不宜布置开放式绿地。

环道的车道数、宽度、断面布置符合CJJ 152 的要求。

参考标准：《城市道路交叉口设计规程》（CJJ 152—2010）

中广核工程有限公司

B-2 现场道路　　　　**B-2-3 厂房道路规划**

设置要求：临建车间、仓储区域厂房道路路宽不低于7 m。

下坡道、道口、交叉口、装卸作业、人行调密地段，道路结冰、积雪、积水路段，恶劣天气能见度在30 m内，货运汽车载运易燃易煤等危险货物，道路均应设置限速标志。

护栏从路面到顶部的高度宜为1 m，护栏在设置的起讫点、交通分流处三角地带以及隧道入、出口处等位置，应进行便于失控车辆安全导向的端头处理。

参考标准：《厂矿道路设计规范》（GBJ 22—1987）

排洪沟

材　　质：水沟壁和地板均须使用混凝土浇筑。

设置要求：道路排水应防、排、疏结合，并与路面排水、路基防护、地基处理及特殊路基地区的其他措施相结合。

临时排洪沟

材　　质：排洪沟表面使用混凝土喷护。

设置要求：排水能力、设计流量应大于场地的最大降雨量，同时考虑降雨的频率和持续时间。

B-3 现场疏水管网

集水井

设置要求：集水井周边采用栏杆（参考本书C-3-1）或盖板（参考本书C-3-2）进行防护。

中广核工程有限公司

B-3 现场疏水管网

① 雨水沟

材　　质：沟壁板用预制砖砌筑，地板和壁板均用混凝土抹平；雨水沟盖板采用成品铸铁沟盖板。

设置要求：雨水沟壁砌筑时预留盖板铺设凹槽，雨水沟位置要低于附近区域，盖板面上有孔洞。

② 排水槽

设置要求：大块硬化地面开凿排水槽，单块硬化面积超过50 ㎡建议开排水槽，水槽宽度、深度建议不小于0.1 m，排水槽与区域排水沟相连。

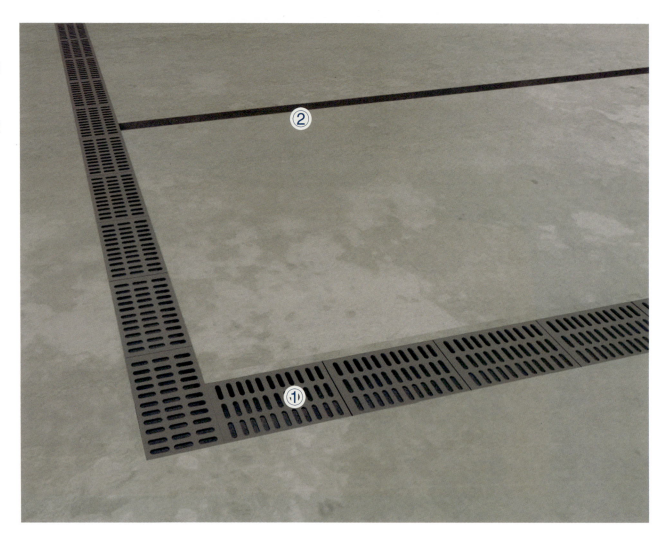

B-4 现场照明

灯架

规　　格：各施工工地可根据实际需要自制灯架或购买成品灯架。

基本要求：夜间施工作业区域最低照度不低于50 lx，否则应增加临时照明设施。

照明灯具悬挂高度不低于2.5 m，受条件限制无法满足高度要求的应增设保护措施。

设置要求：自制灯架应编制搭设方案，按照方案搭设和使用，架体设有防止人员坠落的措施，顶部有满足1人安全作业的空间。

户外灯架应进行防台加固和接地。

高杆灯

设置要求：各施工工地根据实际采购成品高杆灯。

高杆灯应按照出厂说明进行安装固定，高杆灯应进行防台加固和接地。

B-4 现场照明

灯带

规　　格：一般室内施工场所采用220 V电源，特殊场所应采用安全电压。

适应范围：用于现场人员通道施工搭设的满堂脚手架下方、集装箱等区域的临时照明。

设置要求：照明线路应设置架空保护，不允许使用导电体绑扎电线，应使用绝缘的扎带或

　　　　　绝缘扎线绑扎。

移动照明灯

规　　格：受限空间照明电压应小于或等于36 V。

　　　　　在潮湿容器、狭小容器内作业电压应小于或等于12 V。

　　　　　易燃易爆场所灯具选择应满足 GB/T 3836.1 的要求。

性　　能：防水等级不宜低于IP65。

B-5 车间、加工区　　　B-5-1 车间　　　通用要求

分布图设置：根据区域各厂房风险等级标注对应红、橙、黄、蓝四种颜色，结合厂房位置平面图制作成区域风险分布图。

在区域通道位置悬挂风险分布图。

车 间 外 观：车间正面使用蓝色字体标注车间名称。

车间各出入口的正上方标注出门的编号。

入 口 标 识：车间大门悬挂车间责任信息牌、安全标志、职业危害告知牌、车间风险四色分布图。

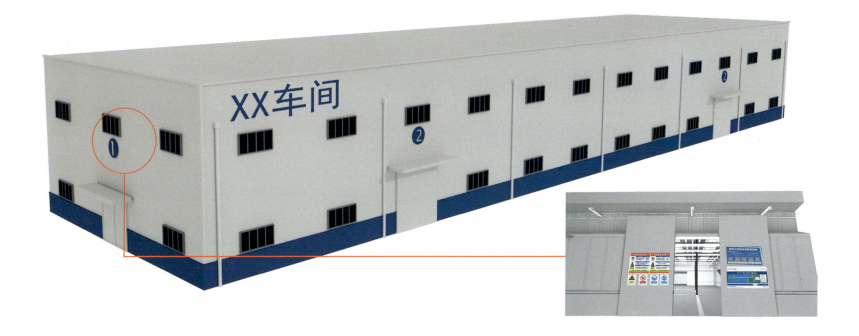

B-5 车间、加工区	B-5-1车间	通用要求

① 消防设施

车间应设安全通道，按规范要求设置必要的消防设施。

② 职业健康保护

对产生噪声、粉尘的车间进行环境监测，并公示监测数据；

产生噪声的车间入口处设置耳塞箱。

③ 警示线、围栏

车间加工区域应画黄色警示线或设置围栏，并张贴作业区标识。

车间内存放的物料应使用围栏隔开，并张贴物料存放标识（参考本书A-3）。

④ 安全标识、规程

车间张贴机械设备风险告知牌（参考本书A-3）和安全操作规程。

机械加工设备张贴设备信息牌（参考本书A-3）和可视化操作要求。

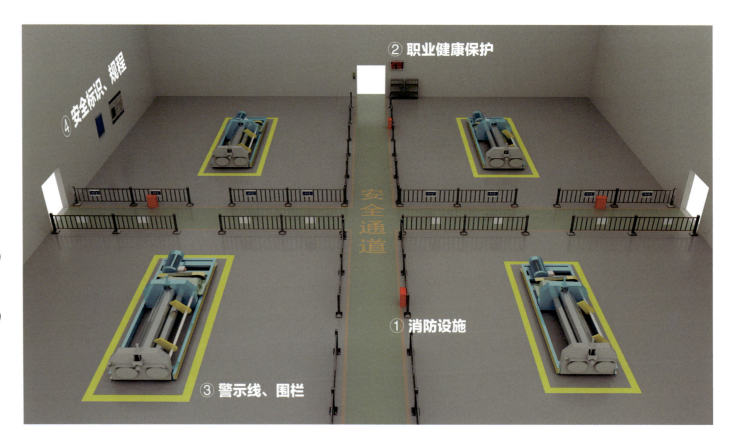

设置要求：加工区按照实际需求进行分区规划，下图以钢筋加工区为例。

区域边缘刷黄色油漆，宽度以10 cm为宜，区域通道刷绿色油漆，人行通道宽度不得低于120 cm。

场区留主通道，便于倒运材料，宽度不得低于3.5 m。

加工区应设置固定护栏围护，张贴区域责任信息牌和物料存放信息牌（参考本书A-3）。

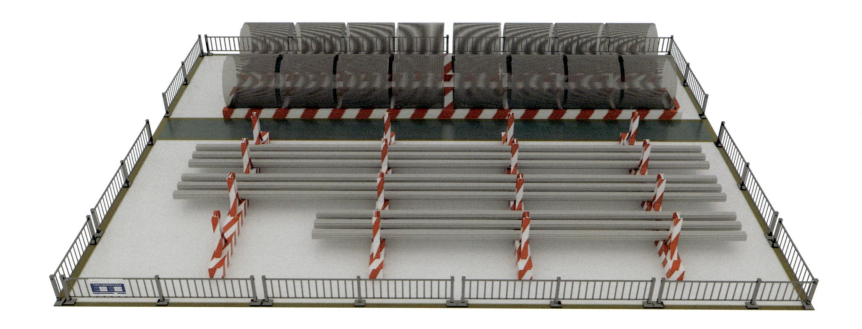

B-5 车间、加工区　　**B-5-2 加工区**

防护棚

设置要求：加工棚按照需求规划，确定尺寸。

采用方钢、螺丝连接形式的工具化防护，立柱采用埋地或地脚螺栓锚固。

加工棚在塔吊等有落物风险的区域，必须采取双层防护，满铺压型钢板、脚手板或模板，斜面铺设彩钢瓦等防雨材料。

现场张贴加工机械安全操作规程。

棚体四角拉设钢丝绳，须满足防台要求。

B-6 仓库、堆场 **B-6-1 A/B级仓库**

入口标识

库房大门悬挂信息提示标牌（包括管理责任人信息、区域功能划分示意图、

应急电话、仓库管理规定等）和安全标志。

仓库外观

仓库正面使用蓝色字体标注仓库名称。

仓库各出入口的正上方标注出门的编号。

B-6 仓库、堆场 　　B-6-1 A/B级仓库

存放要求

物资分区域进行存放，库房中间设置不低于2 m宽的主通道，主通道与物资存放区之间使用移动护栏隔离，通道两侧为物资堆放区。

货物堆放

物资存放区内大件物资分垛存放，垛间保持0.5 m宽的通道，小件物资使用货架存放，货架间距不小于0.8 m。

消防设施

仓库内应配备灭火器，按照设计要求设置消防设施。

温湿度控制

库房布置中央空调系统，仓库内入口附近悬挂温湿度计。

参考标准：《仓储场所消防安全管理通则》（XF 1131—2014）

B-6 仓库、堆场　　**B-6-2 户外堆场**　　**钢筋堆场**

通用要求：各类物料堆场应靠近加工棚。

堆场加工区域应采用固定围栏，并张贴物料存放许可（参考本书 A-3）。

户外存放的物料、临建设施应落实防台措施（参考本书 A-3）。

成品、半成品材料须码放整齐，物料叠放应落实防滑措施。

设置要求：原材堆放区宜设置在起重机械吊运范围内。

钢筋堆场面应平整夯实，并进行硬化。

直条钢筋堆放

钢筋架表面刷黑黄警示漆。

钢筋应堆码整齐，不同型号应分开堆放，设置材料标识牌。

盘状钢筋堆放

钢筋架使用型钢槽钢组合，刷黄黑警示油漆。

钢筋应堆码整齐，高度不超过2层，不同型号应分开堆放，设置材料标识牌。

半成品堆放

分类堆放，底部垫木方或工字钢直接堆放，或设置工字钢加角钢的加工专用堆放架；

半成品材料堆放高度不超过1.2 m，且应有防止倾倒的措施。

钢筋废料处理

设置钢筋废料堆放区，位于加工区旁且靠近运输道路。

废料池由圆钢（制作吊耳）、角钢、钢板焊接后组合而成，便于组装拆卸运输及多

次重复使用。

钢筋废料池设标识标牌。

参考标准：《建筑施工安全检查标准》（JGJ 59—2011）

木方、模板堆放

用垫木架空堆放木方、模板，垫木沿模板短方向布置，堆放高度、垫木架空高度、垫木间距、模板两端悬空长度均不得超过限值。

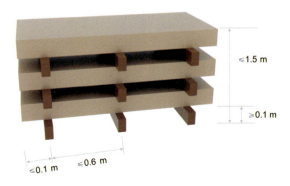

≤1.5 m

≥0.1 m

≤0.1 m　　≤0.6 m

大模板堆放

平　放：对场地狭小的堆场，可设置定型化存放架或者用脚手架钢管搭设存放架进行竖向放置，存放架应经过专门验算，并挂验收合格牌。

大型模板应摆放整齐，存放架上应设置走道板和防护栏杆。

叠　放：对没有支撑或自稳角不足的大模板，应存放在专用的堆放架上或者平卧堆放，不得靠在其他模板或物件上，严防下脚滑移倾倒。

平模板在规定位置码放整齐，码放高度不宜超过1.5 m。

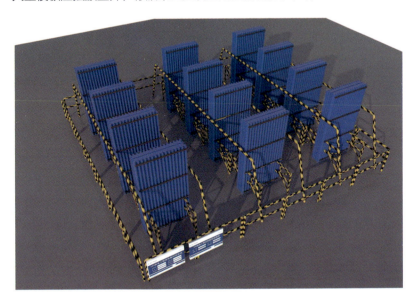

B-6 仓库、堆场　　**B-6-2 户外堆场**　　**骨料堆场**

设置要求：平面布置时应将砂石料、砂浆罐、水泥罐组合同步设置，且位于道路两侧位置，便于施工及运输。

砂石料应堆放在三面砌、内外抹1:3水泥砂浆的围护池中，表面用双层防尘网覆盖，禁止敞开堆放；围护池外侧上下刷黄黑警示线。

骨料堆放部位应设置材料标识标牌、职业危害告知牌（参考本书 A-3 ）。

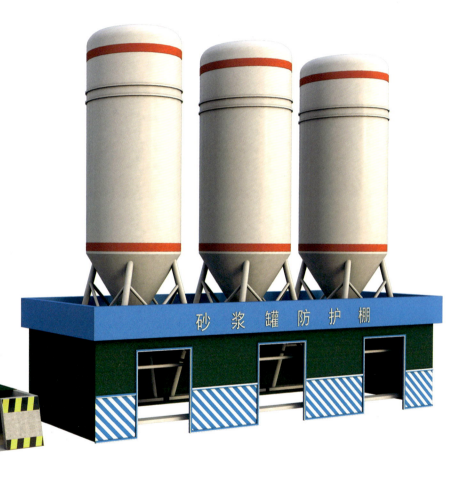

参考标准：《砌体结构工程施工规范》（GB 50924—2014）
《建筑工程绿色施工规范》（GB/T 50905—2014）

B-6 仓库、堆场　　**B-6-2 户外堆场**　　**砌体堆放**

设置要求：平面布置时应将砌体堆放区、砌块加工区组合同步设置，避免积水，且位于道路两侧靠近垂直运输机械位置。

距基槽或基坑边沿 2 m 以内不得堆放物料，砌体材料堆置高度不应大于1.5 m，底部设置砖托，砌体施工时，应将各种材料按类别堆放，并应进行覆盖，加气混凝土砌块堆放过程中应防止雨淋。

设置砌体堆放防雨棚，防雨棚在塔吊及建筑物坠物范围内时，应设置双层防砸措施，防雨棚可使用定型化防护棚，也可使用防雨防火布苫盖。

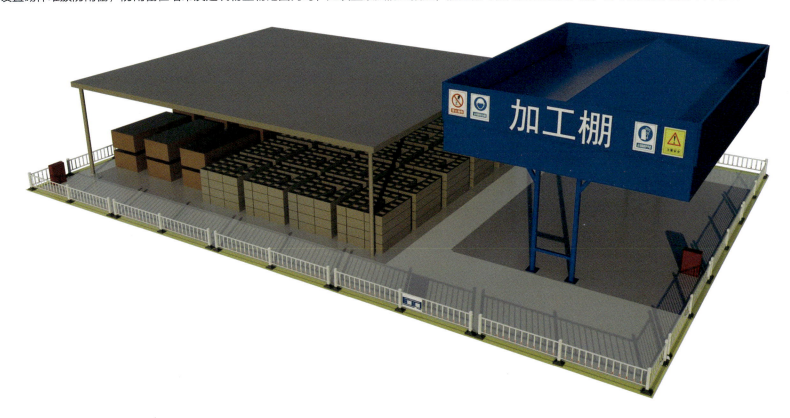

参考标准：《砌体结构工程施工规范》（GB 50924—2014）

《建筑工程绿色施工规范》（GB/T 50905—2014）

B-6 仓库、堆场 | **B-6-2 户外堆场** | **PC构件堆放**

设置要求：构件应按吊运和安装的顺序堆放，设置材料标识标牌，并应有适当的通道。

竖直插放

预制墙板堆放应竖直插放，框架体应具有足够的刚度，并且安放木方稳固，以防止因倾

倒或下沉而损坏构件的表面层。

水平堆叠

预制楼梯和叠合板水平堆叠，通常不超过6层，两层之间应用木方隔开。

中广核工程有限公司

B-6 仓库、堆场 | **B-6-2 户外堆场** | **管线类材料**

设置要求：设置在机加工区及道路两侧，便于运输及加工。

零星及贵重材料仓库存放、专人管理，其他材料设置材料堆放处，使用栏杆或扣件钢管设置隔离区域。

小规格管材堆放

管类材料宜堆放在平整水泥地面上或网格货架上，设置材料标识牌，大量堆放时应注意高度不超过1.5 m且有防滑措施。

零星材料堆放

零星材料堆放应设置货架，并分层分区存放，形状规则的零星材料整齐码放，小体积或不规则材料应设置货箱存放，并设置材料标识牌。

大规格管材堆放

管类材料宜堆放在平整水泥地面上或专用架上，设置材料标识牌，大量堆放时不应超过两层，并有防滑措施。

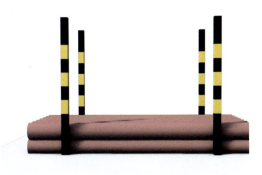

电缆堆放

电缆等成捆材料应堆放在专用架上或放置在地面并设止挡，堆放区域应留出叉车作业空间。

参考标准：《建筑施工安全检查标准》（JGJ 59—2011）

B-6 仓库、堆场　　**B-6-3 货物堆放**

土石方建渣及建筑垃圾

土方应集中堆放，采用防尘网覆盖的措施，防尘网材质为耐老化的聚乙烯，网目数不低于2 000目/100 cm²（密目网针数为四针），推荐使用六针，颜色为绿色。

基坑周边严禁堆土，应设置土方及建渣堆放区，堆放区域设置标牌，堆放高度不能超过 1.5 m。

防水卷材

防水卷材在贮运过程中应直立堆放，禁止侧倒横向堆放。

防水卷材存放时应注意保持防水卷材表面干燥，避免雨淋、受潮，存放在室内或使用防雨防火布苫覆盖。

防水卷材贮运应远离火源，贮存温度不应高于45 ℃，远离有机溶剂等化学品，并配备灭火器材。

堆放部位应设置材料标识牌、禁止烟火及重点防火部位标识牌。

防水涂料

防水涂料聚氨酯、JS、防水砂浆、辅材有冷底子油等，储存环境温度宜为5~35 ℃为宜。

夏季涂料宜存放在通风良好的室内仓库；若将涂料存放于室外，则涂料须放在阴凉处，避免阳光长时间直接照射涂料桶，远离火源。

储存时，涂料堆码的最上层需用隔热膜或者隔热板遮盖。

参考标准：《建筑与市政工程防水通用规范》（GB 55030—2022）
《建筑工程绿色施工规范》（GB/T 50905—2014）

Clean

Clean Energy
一个清洁能源产业集团

Green

Green Power
一个绿色持续电力系统

Nature

Nature Sustainability
一种自然共生发展模式

B-7 危化品管理　　**B-7-1 危化品仓库**　　**通用要求**

基本要求：危险化学品储存、经营企业的仓库规划选址、建设、安全设施，与厂房、办公室及产生明火或散发火花区域，主要道路保持安全距离，并符合 GB 50016、GB 18265的要求。

应建立危险化学品储存信息管理系统，按照储存量大小进行分层次管理要求，实时记录作业基础数据。

危化品库房大门口应设安保岗，库房应进行上锁管理。

剧毒、易制毒、易制爆危险化学品的存储应符合相关安全要求。

危化品库/危险废物库入口处应设置危险化学品信息公示栏，公示危化品库/危险废物库管理责任、管理要求、主要存储的危险化学品/危险废物，现场应急处置等信息。

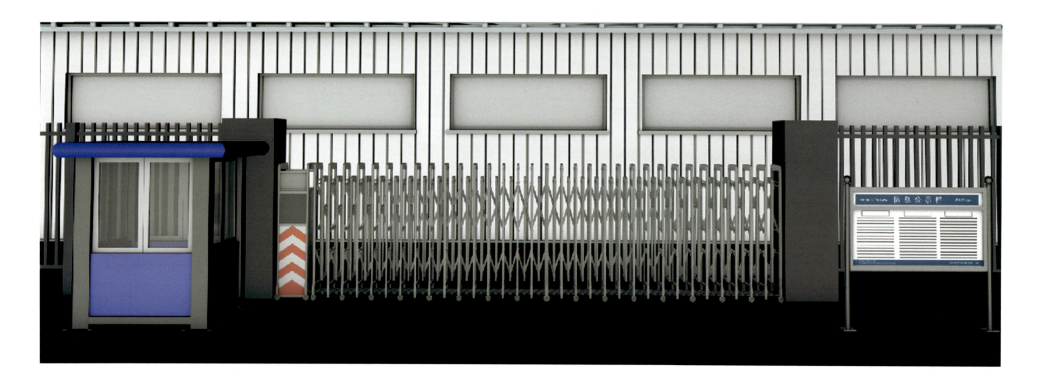

① 安全标识

危化品库的出入口应张贴禁止烟火、事故灾难报警单、厂房责任信息牌及其他安全标识（参考本书 A-3 ）。

② 人体静电释放装置

储存易燃易爆危化品的仓库入口外侧，应设置接地的人体静电释放装置。

③ 手机存放盒

库房门口设置可上锁的手机存放盒。

④ 应急设施

可能发生化学性灼伤及经皮肤吸收引起急性中毒事故的工作场所，应设置清洁供水设备和喷淋装置，对有溅入眼内引起化学性眼炎或灼伤可能的工作场所，应设淋浴、洗眼的设备。

危化品库的应急救援物资配备应符合GB 30077的要求。

参考标准：《危险化学品仓库储存通则》（GB 15603—2022）

《易燃易爆性商品储存养护技术条件》（GB 17914—2013）

《腐蚀性商品储存养护技术条件》（GB 17915—2013）

《危险化学品单位应急救援物资配备标准》（GB 30077—2023）

《工业企业设计卫生标准》（GBZ 1—2010）

《工作场所防止职业中毒卫生工程防护措施规范》（GBZ/T 194—2007）

B-7 危化品管理　　**B-7-1 危化品仓库**　　**通用要求**

① 消防设施

配备符合规范的灭火器材，存放的物品不应遮挡消火栓、自动灭火系统喷头及排烟口，并保证消防通道畅通。消防器材配备类型如下：

储存化学品类型	消防器材
可燃和助燃气体	"干粉、砂土"一类设施
易燃和可燃液体	"泡沫、干粉、二氧化碳"一类设施，但酸、醚、酮等溶于水的易燃液体，需配备"抗溶性泡沫"设施
易燃和可燃固体	"泡沫、干粉、砂土、二氧化碳或雾状水"一类设施
自燃性物质	"水、干粉、砂土、二氧化碳"
遇水燃烧物质	"干粉、干砂土"
氧化剂类	"干粉、水、二氧化碳"

② 电气设施

易燃易爆危化品仓库内的电气设备、输配电线路和装卸搬运机械工具应采用符合要求的防爆型设备或工具。

仓库排风扇、金属货架等应设有导除静电的接地装置。

仓库应设置防雷设施。

③ 监测报警设施

库房内产生可燃气体、有毒气体的场所应设置可燃气体和有毒气体报警装置，安装高度应当符合可燃气体(有毒气体)与空气比重的要求。

探测器及监测系统根据仓库及危化品储存情况合适选型。

④ 危险化学品储存

采用隔离、隔开、分离储存的方式对危险化学品进行储存。

储存液态和半固态危险化学品应采取防溢流措施，如设置防渗托盘。

⑤ 温湿度控制

库房内宜根据温度控制需要设置温湿度计和空调系统。

⑥ 地面、排水

储存库地面应进行硬化，对危险化学品接触的地面及裙脚进行防渗处理，并设置泄漏收集池。

⑦ 通风装置

危化品库房必须采取有效的通风排气措施。

⑧ 剧毒、易制毒、易制爆化学品管理

剧毒、易制毒、易制爆危险化学品，应按规定将储存地点、储存数量、流向及管理人员的情况报相关部门备案。剧毒化学品以及构成重大危险源的危险化学品应在专用仓库内单独存放，并实行双人收发、双人保管制度。

⑨ 安全标识

库房内应张贴危险化学品风险告知牌（参考本书A-3）、安全标志（参考本书A-2）、化学品安全技术说明书。

参考标准：《危险化学品仓库储存通则》（GB 15603—2022）
《毒害性商品储存养护技术条件》（GB 17916—2013）
《易制爆危险化学品储存场所治安防范要求》（GA 1511—2018）

B-7 危化品管理　　**B-7-2 危险废物库**　　**危化废物库**

① **应急物资**

危化废物库外应设置应急物资柜，并配置防护服、防毒面具、手套、鞋、吸附材料、沙袋、洗眼器、消防器材等应急物资。

② **观察窗**

危化废物库的库门上应设置观察窗。

③ **安全标识**

危化废物库的出入口应张贴禁止烟火、事故灾难报警单、厂房责任信息牌、危险废物处置设施措施标识（参考本书 A-3）。

参考标准：《危险化学品仓库储存通则》（GB 15603—2022）

《危险化学品单位应急救援物资配备标准》（GB 30077—2023）

《工业企业设计卫生标准》（GBZ 1—2010）

《工作场所防止职业中毒卫生工程防护措施规范》（GBZ/T 194—2007）

B-7 危化品管理　　B-7-2 危险废物库　　储存区

① 废气处理措施

危险废物库应设置气体收集装置和气体净化设施，用于收集处理产生的粉尘、挥发性有机物、酸雾等有毒有害废气。

② 分区

不同储存分区间应有明显间隔，间隔可采用隔板、隔墙和过道。

③ 防漏、防溢流措施

分区内储存液态危险废物的，应设置液体泄漏堵截设施，并在危险废物储存库内设置渗滤液收集设施。

④ 防渗、防腐措施

分区内地面、墙面裙脚、堵截泄漏的围堰、接触危险废物的隔板和墙体等，均应采取相应的防渗措施；表面防渗材料应与所接触的物料或污染物相容；危险废物直接接触地面的，还应进行基础防渗。

⑤ 安全措施

库内的通风、温湿度控制、防爆、监测报警、安防等设施参考危化品库设置。

B-7 危化品管理　　**B-7-2 危险废物库**　　**作业区**

布置要求

危险废物库内应设置作业区（用于装卸货、分拣、打包），作业区宜紧邻储存区。

防漏、防溢流措施

作业区内应采取防渗、防腐措施。

作业区周围设有废液收集槽及集水井。

应急物资

作业区配置必要的应急设备与物资。

安全标识

作业区域内应张贴装卸管理要求、危险废物包装图示及相容性要求。

存放要求

入库的空瓶、实瓶和不合格瓶应分别存放，并有明显区域分隔和标志。

气瓶入库后，应进行固定，防止气瓶倾倒。

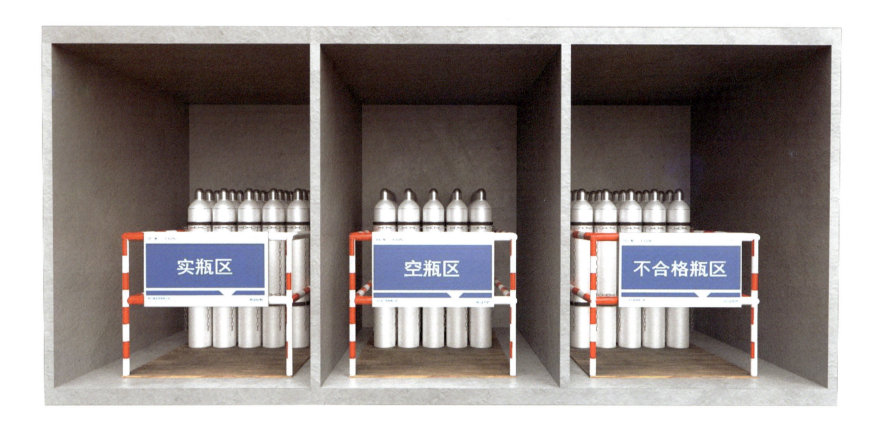

B-7 危化品管理　　**B-7-3 危险化学品存放**

临时存放要求

气瓶临时存放在专门气瓶柜内，易燃易爆危险化学品应存放至专用储柜中，存放点设置明显标识及警示标牌。

临时存放区域应避开通道，存放区域应设置危险化学品存放证、安全标识、围栏、警示带等，并就近放置灭火器，由专人管理。

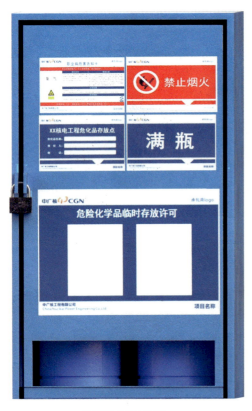

气瓶临时存放柜

危化品储存柜

危化品临时存放区

B-7 危化品管理 **B-7-4 危险废物临时存放**

设置要求：存放点应设置固定边界，并通过围栏、隔板、隔墙等方式与其他区域进行隔离，边界围挡不低于1.2 m；暂存区域有通风、消防等安全设施；照明等电气设施应满足防爆要求。

分区

存放多种危险废物的，设置不同的分区，不同分区之间设置隔板或通道；不同分区前至少留有1人检查通道。

防渗、防溢流

所有危险废物不能直接堆放在地面上，均需设置托盘或放置在防爆柜等容器柜内。

安全标识

暂存区域应张贴危险废物储存分区标志和危险废物标签（参考本书 A-3）。

应急措施

暂存区域应设置应急物资柜，并配置防护服、防毒面具、手套、鞋、吸附材料、沙袋、洗眼器等应急物资。

B-7 危化品管理　　**B-7-5 危险化学品集装箱**

通用要求

安全标识：危化品临时存放集装箱入口应张贴消防安全重点部位、危险废物等标牌（参考本书 A-3）。

应急设施：集装箱外设置应急物资柜和人体静电释放装置，根据实际需要增设洗眼器。集装箱内的通风、温湿度控制、防爆、监测报警等设施及危化品存放参考危化品库。

集装箱内配备消防球、灭火器等消防设施，灭火器的灭火效能不小于89B；集装箱应落实防台固定措施（参考本书 C-7-2 ）。

危险废物集装箱

设置要求：针对无车间厂房区域，可选择临时集装箱作为危险废物暂存点，临时集装箱设置不应超过1个。

分　　区：存放多种危废应设置不同的分区，不同分区之间设置隔板或通道，不同分区前至少留有1人检查通道（不小于1 m）。

防渗、防溢流：临时集装箱底部铺设防渗材料，存放液态废物应设置防溢流托盘。

B-8 班组管理

站班会

成排站班：相同或相近工种班组可共同召开大班会，大班会结束后开小班会。

开大班会时所有站班人员成行站立，组织者位于队伍前方（面向队伍）。

开小班会时，班组成员相向站立成两排，组织者站在两排中间当头位置。

围圈站班：站班会位置地面上涂画圆圈（直径3 m为宜），班会组织者（班组长或安全员）站立圆圈中央，其他成员面向圈内沿地面圆圈标志站立。

班组长应佩戴袖章，并在安全帽上明确个人班组信息。

班组活动房

设置要求：班组活动房内设文件柜、储物柜、办公桌椅、安全帽帽架、安全展板、班组展板等。

B-8 班组管理

宣讲台

形 式 一："宣讲台"3个字明显，蓝底白字、黑体。

背景海报大小与背宣讲台尺寸保持协调即可，内容根据现场需求各项目自行确定，建议包含站班会流程指引。

防护栏杆设置符合要求（参考本书 C-3-1 ）。

平台、踏步满足防滑要求，涂刷绿色油漆。

形 式 二：设置于空旷安全合理位置，正中央采用"早班会宣讲台"，其他内容可自选。

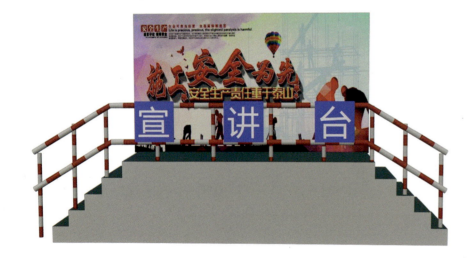

B-9 教育培训设施　　　**B-9-1 培训中心设置要求**

宜集约化设置"安质环综合服务中心"

位　　置：布置在场区围网外部，尽量靠近场区。

基本功能：具备培训（理论、实操）、信访功能。

设施配备：理论培训设施：培训考试相关影音设施及教室。

实操培训设施：应设置消防实操、登高作业、急救实操项目，宜设置操作平台倾斜体验、脚手架搭设、受限空间、临时用电、起重吊物绑扎、起重指挥、动火监护人、

重物搬运实操等体验项目。

信访设施：宜根据项目实际设置。

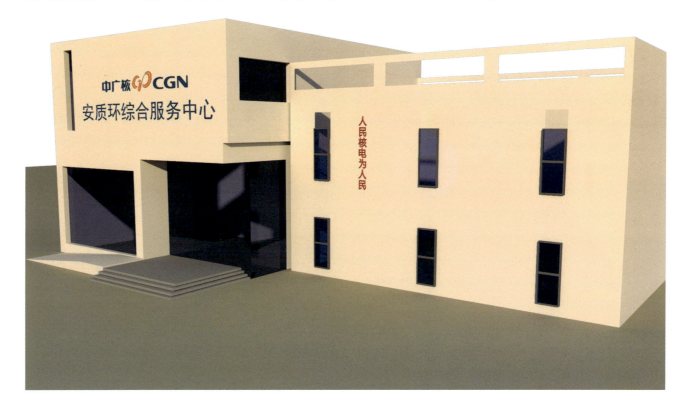

B-9 教育培训设施　　B-9-2 理论培训教室

基本要求：施工项目应配置培训专用教室，培训教室应干净整洁，采光、通风良好。

培训教室面积应符合以下要求：使用人数大于 100 人的，应配备 30～100 ㎡的培训教室。

培训教室内应配备投影仪、投影屏幕、计算机、音响等培训设施。

培训教室内应按标准配备消防设施，符合应急疏散要求。

① 视音设备

培训教室配备视音设备，主要有投影仪、幕布、显示屏、网络及双流设备、麦克风、扩音喇叭。

② 监控设施

培训考试教室及各公共区域安装视频监控系统，监控视频采用本地存储、远程调用的方式，可用电脑、手机通过互联网查看监控视频。

③ 安全宣传

教室墙面宜设置企业标识和名称、培训教室使用或管理制度、安全宣传挂图以及企业核心价值观、企业精神等宣传图牌。

图牌离地高度不低于1.2 m，标牌尺寸大小根据项目培训教室实际自行确定。

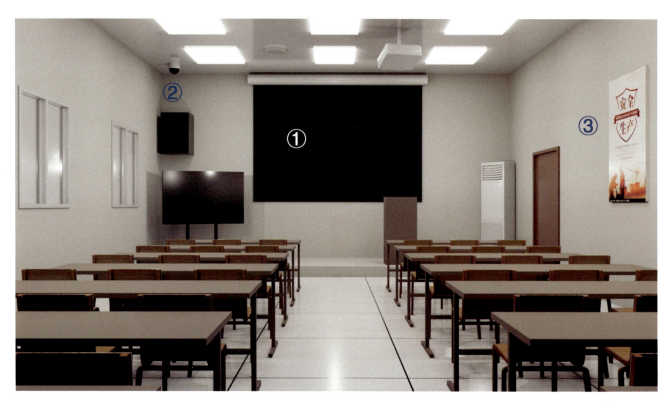

B-9 教育培训设施　　**B-9-3 实操设施**

消防实操

布 置 场 所：布置在大厅或容纳30人以上的空旷的室内。

培 训 对 象：项目部及参建单位全体人员。

设 施 组 成：虚拟灭火模拟操作台、无线电子灭火器x4、显示器、电脑主机及模拟软件系统。

功能及目的：演示如何选择灭火器扑救火灾。

让体验人员学会如何正确快速地选择适用的消防器材，增强入场人员的防火消防意识。

提高全体人员对发生火灾时组织扑救的处理能力及消防安全管理水平。

急救实操

布 置 场 所：布置在大厅或容纳30人以上的空旷的室内，以便于演示。

培 训 对 象：班组长及以上人员、急救人员。

设 施 组 成：医用CPR心肺复苏假人、心肺复苏训练系统、系统主机及显示器。

功能及目的：模拟心肺复苏教学，让体验者借助简单的器具或徒手操作学会心肺复苏的急救方法。

快速掌握心肺复苏的急救方法，将事故伤害降到最低。

B-9 教育培训设施　　**B-9-3 实操设施**

操作平台倾斜体验

布 置 场 所：布置在大厅或容纳30人以上的空旷的室内，以便于演示。

培 训 对 象：平台作业人员。

设 施 组 成：钢结构固定体验平台一套、倾倒机构总成一套、电器控制柜一套、触摸控制一体机。

功能及目的：通过控制系统使操作平台模拟倾斜，让作业人员亲身感受作业平台发生倾倒时的感受，经过亲身感受增强作业人员的安全意识。

脚手架搭设实操

布 置 场 所：室外空旷处。

培 训 对 象：架子工。

设 施 组 成：脚手架搭设标准示范点。

功能及目的：通过对照实物进行脚手架搭设标准的讲解；讲解后开展脚手架作业实操授权考核。

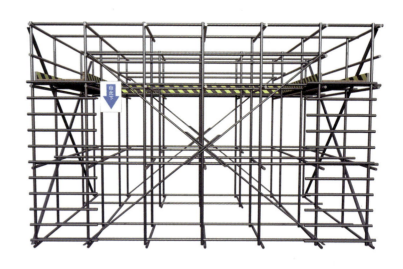

B-9 教育培训设施　　B-9-3 实操设施

受限空间实操

布 置 场 所：布置在大厅或容纳30人以上的空旷的室内，以便于演示。

培 训 对 象：需进行受限空间作业授权人员。

设 施 组 成：受限空间体验间、烟雾发生设备、有害气体检测报警系统、触摸控制
一体机、有害气体检测仪、急救箱、氧气罐、担架、通风系统。

功能及目的：模拟受限空间作业及做救援演练使用。
让作业人员掌握受限空间作业安全操作要求及受限空间作业应急救援
时的安全注意事项。

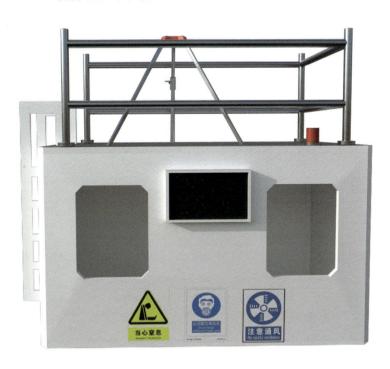

临时用电实操

布 置 场 所：布置在大厅或容纳30人以上的空旷的室内，以便于演示。

培 训 对 象：临时用电作业人员。

设 施 组 成：操作台、各类控制开关接线柱、各类控制按钮。

功能及目的：模拟各类用电接线安全操作要求，进行电工作业培训及电工实
操考核授权。

B-9 教育培训设施   B-9-3 实操设施

起重吊物绑扎实操

布 置 场 所：室外吊物绑扎实操场地。

培 训 对 象：起重作业人员。

设 施 组 成：绑扎方法展示板、各类吊索具。

功能及目的：现场示范吊物绑扎标准，通过现场实操教学进行讲解，讲解后开展实操

考核，进行实操授权考试。

起重指挥实操

布 置 场 所：室外空旷处（可现场设置实操点，如塔吊作业可达区域内）。

培 训 对 象：起重指挥。

设 施 组 成：场地画线、吊物落点标记、模拟障碍物。

功能及目的：现场进行起重作业实操，设置起吊起点、起吊终点，中间设置障碍物；

主要考核起重指挥对起吊过程的控制，进行起重指挥实操授权考核。

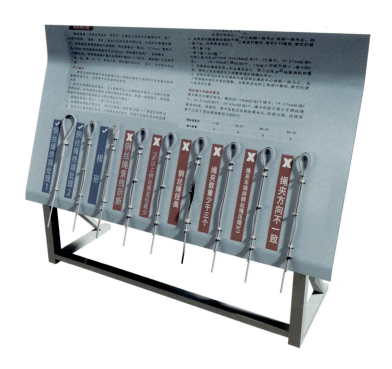

B-9 教育培训设施　　**B-9-3 实操设施**

动火监护人实操设施

布 置 场 所：室外或室内空旷处。

培 训 对 象：动火作业人员及监护人。

设 施 组 成：警戒线、挡火板、灭火器。

功能及目的：对照实物对动火作业及动火监护进行讲解；开展动火作业及其监护人实操授权考核。

重物搬运实操

布 置 场 所：室外或室内空旷处。

培 训 对 象：钳工、力工。

设 施 组 成：15 kg和20 kg两块重物。

功能及目的：设置重物搬运实操区，分别放置15 kg和20 kg两块重物；展示重物搬运注意事项；使作业人员了解人工搬运要求及技巧，避免受伤。

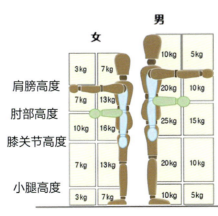

B-10 职业卫生设施　　**B-10-1 职业病危害因素监测设施**

职业病危害监测

可使用便携式职业病危害监测仪，监测粉尘、噪声、高温等。

职业危害告知

在有职业危害场所区域明显位置张贴职业危害告知卡、警示标识（参考本书A-3）。

在有职业危害场所区域明显位置进行职业危害因素检测结果公示（参考本书A-3）。

便携式WBGT指数仪　　　　便携式激光粉尘检测仪

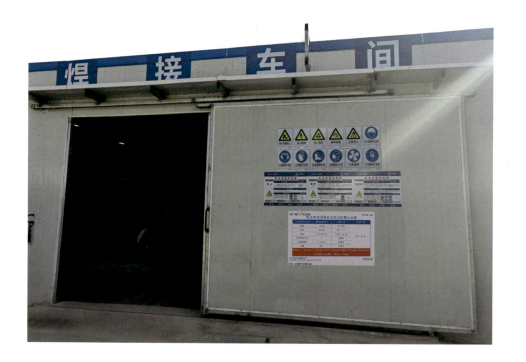

B-10 职业卫生设施　　B-10-2 防暑降温设施

作业场所通风、降温：在室内高温区域作业时，应采取通风、降温措施。

饮水准备：作业人员在作业区域附近准备饮用水。

休息点：在高温作业点附近设置休息点，休息点通风良好，温度设在25～27 ℃，休息点应设饮水和座椅。

防中暑药品准备：防中暑药品包括仁丹、藿香正气口服液、十滴水、口服补液盐等。

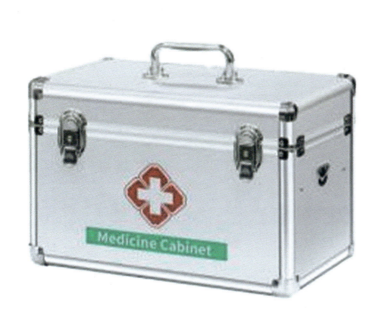

防中暑药品配备

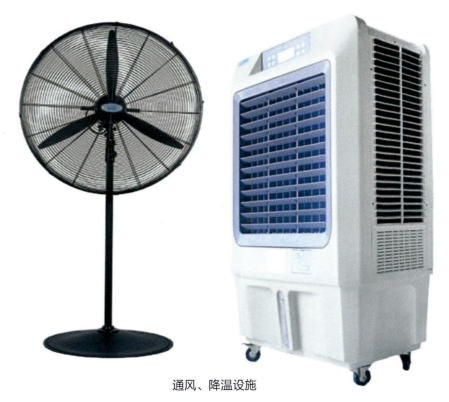

通风、降温设施

B-10 职业卫生设施　　**B-10-3 通风除尘、焊烟净化设施**

通风基本要求

产生粉尘、有毒有害气体作业时，如：矽尘、焊烟、木粉尘、二甲苯等，增设强制通风设施。

根据厂房通风设施情况，选择临时通风设施，"永临结合"使用。

进行刷漆、喷漆作业时，除厂房整体通风外，必须使用大功率风扇进行局部强制通风。

排烟风扇

区域局部通风风机

（配置粉尘过滤设施）

B-10 职业卫生设施　　**B-10-3 通风除尘、焊烟净化设施**

焊烟净化

焊接作业时，对于所产生的焊烟采用焊烟净化器进行吸附收集净化。

木工机械防尘装置

木工机械配备收集木粉尘的双桶吸尘器，通过管道将各个木工机械与吸尘器相连，作业时启动吸尘装置。

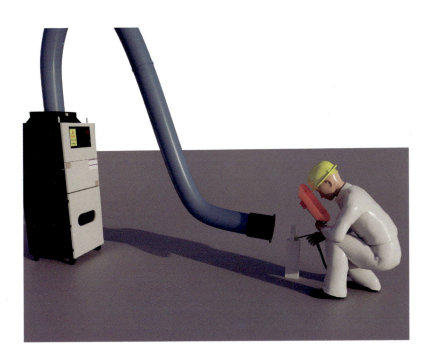

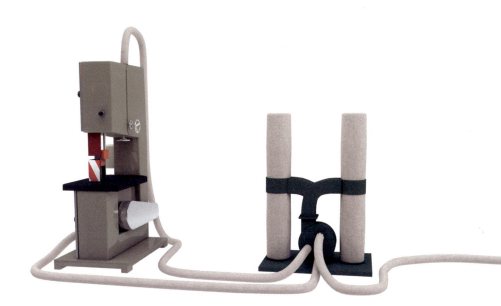

B-11 环保防治设施　　B-11-1 环境监测

环境监测设施

设置位置：监测点位宜安装在主要出入口和施工车辆出入口，应根据施工噪声监测方案在场界处布点监测，避免在相邻工地边界处设置。

功　　能：环境在线监测系统可实时监测PM2.5、PM10、噪声等信息，数字显示实时更新；应具备数据传输功能，可接入施工智慧工地平台。

设置要求：在监测点周边，不应有非施工作业的高大建筑物、树木或其他障碍物、阻碍物阻挡空气的流通。

监测点附近张贴HSE数据监测公示牌（参考本书 A-3），公示内容包括：监测区域、目前状态、检测人员、联系方式、主要危害因素等。

参考标准：《建筑工程绿色施工规范》（GB/T 50905—2014）

B-11 环保防治设施　　B-11-2 防尘降尘设施

降尘设施设置要求

施工现场应采取喷淋、洒水等控制降尘措施，主要如下：

降尘措施	设置位置
洗车池	设置土石方施工区域道路出入口附近
固定喷雾	施工区域围墙、道路两侧，土方施工、碎石等产生粉尘的区域
雾炮机	根据实际需要配置
洒水车	根据实际需要配置

参考标准：《建筑工程绿色施工规范》（GB/T 50905—2014）

中广核工程有限公司

B-11 环保防治设施　　B-11-2 防尘降尘设施

洗车池

设置要求：洗车池的大小应满足工地车辆清洗的需求，长度和宽度应适应最大车辆的尺寸。

洗车池冲水设施可根据车辆类型调节喷水高度。

洗车池周围应设置排水设施，防止清洗车辆的污水流向周边地区。

① 过水池

用于冲洗掉车辆轮胎残带的土渣。

两侧设置挡水墙，防止水四处喷洒。

两端设置截水沟，回收洗车用水。

② 自动洗车设备

可随意切换红外线全自动控制和手动操作。

各角度冲洗车辆，速度快，洁净程度高。

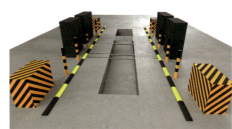

③ 人工洗车设施

配备高压水枪等冲洗设备，水枪连接水管长度不少于10 m。

④ 三级沉淀池

洗车槽外侧应当设置三级过滤沉淀池，工程施工产生的泥水应经沉淀过滤后，再利用冲洗车辆或者排入市政排水管网。

参考标准：《建筑工程绿色施工规范》（GB/T 50905—2014）

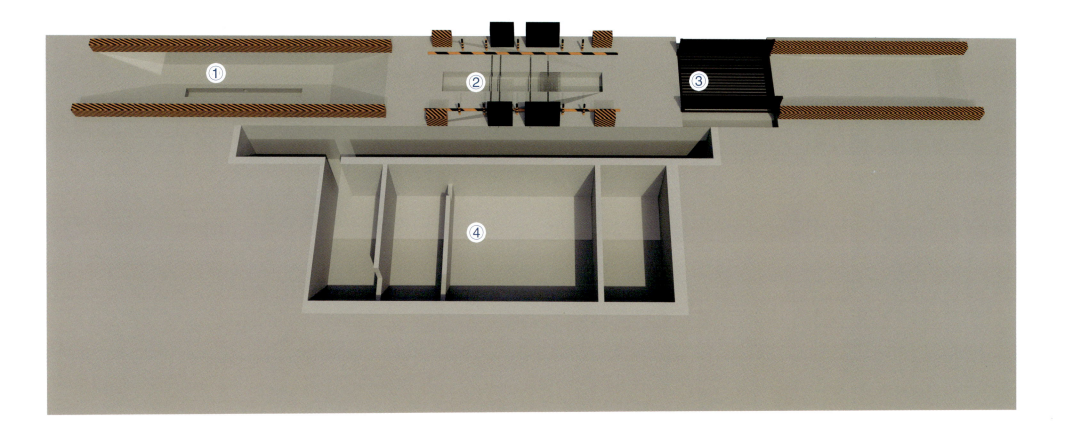

喷雾

功　　能：喷雾系统可远程、定时自动启停控制。

设置要求：道路喷雾可根据路面的存在时间、安装后是否影响交通或行人、现场的水源情况等确定是否安装。

四车道以上路段沿路两侧交叉布置，四车道以下路段宜沿路一侧布置。

围挡喷雾

道路喷雾

雾炮机

功　　能：可远程或手动控制。

洒水车

功　　能：前冲（喷）宽度、射程不低于3 m，后洒宽度不低于8 m，侧冲宽度不低于3 m，车载水枪射程不低于20 m。

参考标准：《建筑工程绿色施工规范》（GB/T 50905—2014）

B-11 环保防治设施　**B-11-4 垃圾处理设施**

钻渣箱

功　　能：用于临时/移动钻孔或打桩作业钻渣收集，钻渣箱具备防渗防漏功能。

尺　　寸：容积大小根据场地条件和现场存放需求确定。

垃圾运输车

功　　能：选择摆臂式垃圾车，带自卸功能、液压操作，垃圾斗可自吊上吊下。

接油盘

功　　能：用油设备下方或设备传动等部位下方接油，具备防渗或防泄漏等功能。

设置要求：在接油盘下宜设置沙池或采用木方固定，沙池或木方应稳固。

清扫车

功　　能：清扫车应配备清扫和吸尘功能，可以彻底清扫道路上的垃圾，并将垃圾扫进集料箱或吸尘系统中；垃圾车洗净率不小于90%。

垃圾斗

设置要求：每个垃圾斗容量一般不小于4 m³，垃圾斗外有编号、限载标识，按回收垃圾划分垃圾斗颜色，外观参考示意图。

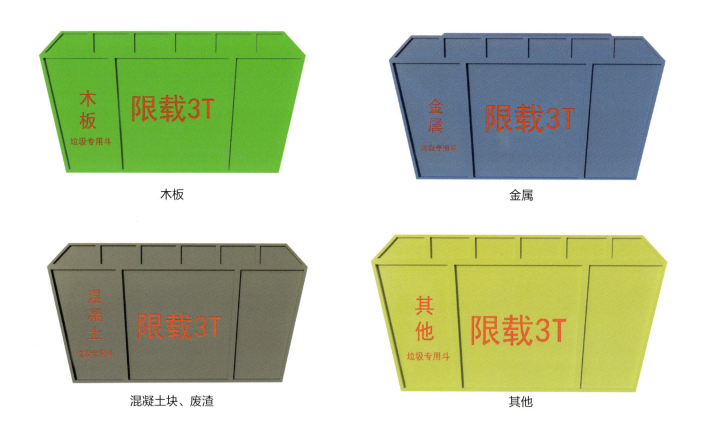

木板

金属

混凝土块、废渣

其他

参考标准:《建筑工程绿色施工规范》(GB/T 50905—2014)

B-11 环保防治设施   B-11-3 垃圾处理设施

垃圾池

设置要求：垃圾池用砖体砌筑围墙、水泥砂浆抹面，围墙高度不低于1.5 m，垃圾池的

宽度、深度应根据现场实际的垃圾量确定。

垃圾池应对不同垃圾进行分类，并设置相应标识牌。

特殊情况，可用挡板/钢管围栏进行实体封闭维护，或设置防吹散措施。

生活垃圾箱

设置要求：生活垃圾应分类，按可回收、厨余、有害和其他垃圾进行划分。

B-11 环保防治设施　　**B-11-4 污水处理设施**

施工现场临时污水处理站

功　　能：配置在线监测系统对出水中化学需氧量、氨氮、总氮、总磷、pH值以及进出水流量实现在线监测。

设置要求：施工现场应设置排水沟及沉淀池，施工污水应经沉淀处理达到排放标准后，方可排放。

　　　　　如需回用需配备不锈钢水箱进行收集，待后端回用。

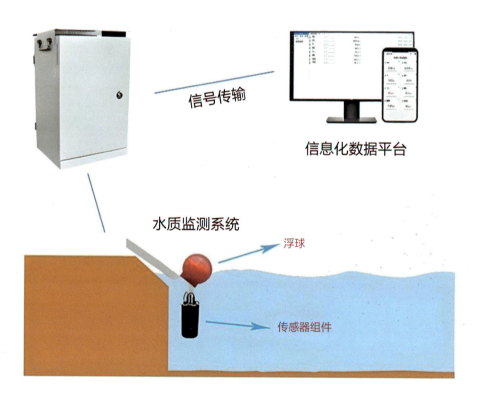

水质在线监测系统

吸污车

吸污车进口有防溢流装置，具有液压举升自卸功能，后罐门可以液压自动开启，可自吸自排。

中广核工程有限公司

B-12 辐射防护设施 **B-12-1 放射源定位、辐射监测系统**

放射源定位系统

设置要求：放射源定位系统是一种用于定位和追踪放射性物质的系统，该系统通过使用传感器、探测器和定位设备，能够准确地确定放射源的实时位置和移动轨迹。

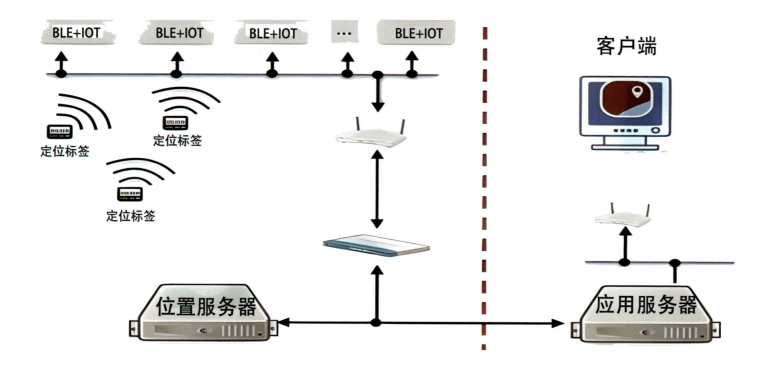

参考标准：《电离辐射防护与辐射源安全基本标准》（GB 18871—2002）

辐射监测系统

设置要求：辐射监测系统是一种用于实时监测和记录辐射水平的电子化系统。该系统主要用于监测环境中的辐射水平，以确保辐射水平在安全范围内，并能及时发现和处理超标情况。

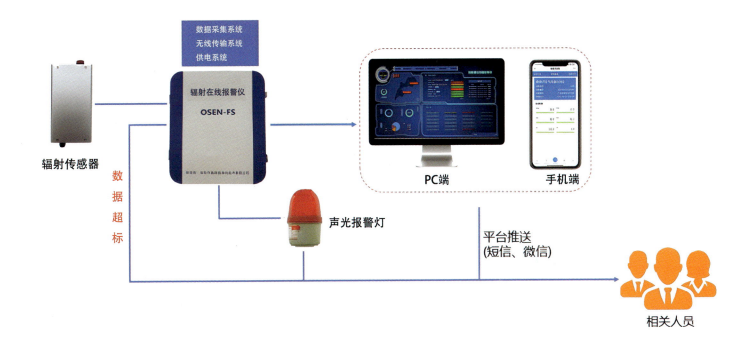

参考标准：《电离辐射防护与辐射源安全基本标准》（GB 18871—2002）

B-12 辐射防护设施　　**B-12-2 放射源库**

探伤门机系统

库区外围边界使用高度不低于3 m的围网进行全封闭，边界围网上明显位置悬挂"当心电离辐射"警示标识。

围栏应采用电子围栏，安装周界入侵报警系统。

视频监控系统

放射源库围栏四周和库内应安装视频监控系统，监控保存时长不少于30天。

放射源储存

储存放射源场所应当设置放射性警示标志，附近不得放置易燃、易爆、腐蚀性物品。

参考标准:《电离辐射防护与辐射源安全基本标准》(GB 18871—2002）

B-12 辐射防护设施　　**B-12-3 探伤室**

探伤门机系统

连 锁 装 置：探伤室门机连锁装置与辐射监测系统进行连接，确保在探伤设备运行期间，人员无法进入探伤室。

探伤室报警：探伤门外设有警报警示灯，用于提醒。

未进行探伤时，探伤室处于关闭状态，警报屏幕和警示灯都不亮。

准备阶段：探伤室内已准备就绪，待开始探伤作业，此时屏幕显示绿色字"预备"，声音报警响起。

作业阶段：探伤室探伤已经开始，屏幕显示"照射"，声音警报响起，提醒无关人员远离射线探伤作业。

探伤门机系统

探伤间围栏上悬挂电离辐射警告标志、放射职业病危害告知牌、探伤室安全风险告知牌。

操作间内设置安全技术操作规程、预备说明、照射说明。

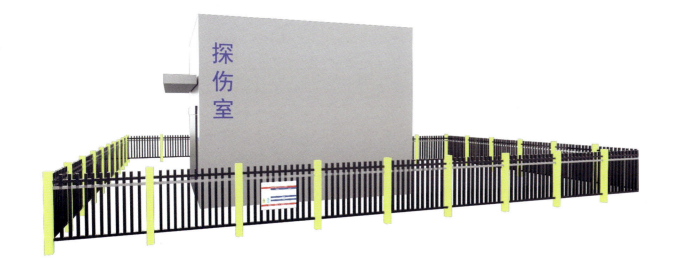

参考标准：《电离辐射防护与辐射源安全基本标准》（GB 18871—2002）

中广核工程有限公司

B-12 辐射防护设施 | **B-12-3 探伤室**

监控系统

探伤室视频监控装置是用于对探伤室内活动进行实时监测

和记录的设备，该装置通过安装摄像头和视频录像设备，

能够对探伤室内的检测过程进行实时监控和录像。

安全操作规程

操作间的墙上张贴安全技术操作规程。

应急物资

房间内放置应急储物柜，储物柜里面配置相应的应急物资。如：防护服、

防护眼镜、防护头盔、防护手套、铅沙袋和长柄钳等应急物资。

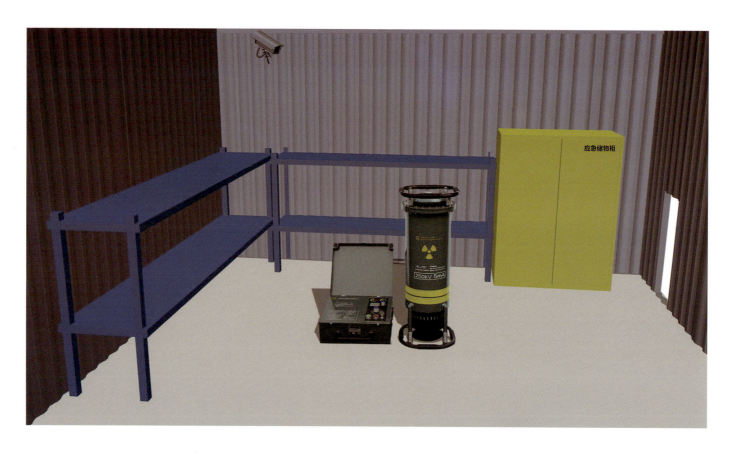

中广核工程有限公司

B-13 人文关怀设施

饮水间

材　　质：预制集装箱。

设置要求：房间内应设置饮水机、开水龙头、温开水龙头、直饮水龙头，水龙头下方应设置不锈钢接水槽、茶叶过滤斗；布置水杯架、空调、清洁物品存放柜、休息长条椅和监控

摄像头、垃圾桶等设施。

夏季休息点内放置防暑降温知识手册。

设置防台固定设施（参考本书 C-7-2）

B-13 人文关怀设施

吸烟点

材　　质：预制集装箱。

设置要求：房间内布置烟蒂收集槽（灭烟筒）、点烟器、风扇、休息长条椅、监控摄像头、垃圾桶等设施。

　　　　　　设置防台固定设施（参考本书 C-7-2）。

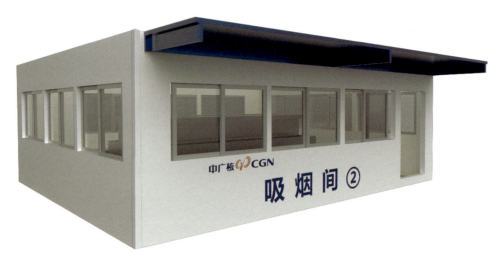

B-13 人文关怀设施

就餐点

设置位置：食堂与厕所、垃圾站等污染源的距离不宜小于15 m，且不应设在污染源的下风侧。

设置要求：食堂经营单位应取得食品经营许可，并进行公示。

食堂应定点设置灭火器箱（不少于2具/箱），灭火器箱不少于1个/75 ㎡，单具灭火器间距不大于20 m。

临时建筑应设置防台固定设施（参考本书 C-7-2）。

B-13 人文关怀设施

卫生间

材　　质：预制临时板房。

设置要求：较偏远的临时施工区域应设可移动式卫生间。

北方地区应采取防冻措施。

临时板房设置防台固定设施（参考本书 C-7-2 ）。

固定式卫生间

可移动式卫生间

B-13 人文关怀设施

智慧健康亭

材　　质：采用预制集装箱。

设置要求：各项目根据实际需求设置智慧健康亭。

集装箱设置防台固定设施（参考本书C-7-2）。

医疗器械配备：

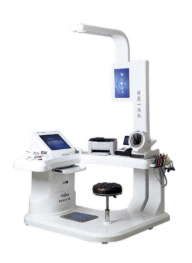

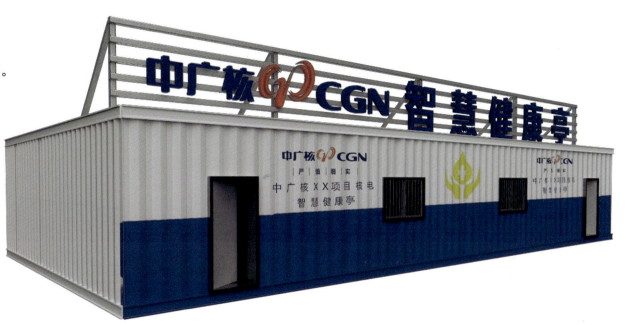

健康一体机

CGN

中广核工程有限公司

C 安全与应急设施篇

C-1 劳动防护用品　　C-1-1 基本要求

进入施工场地人员需要配备安全帽、工作服和安全鞋，工作服上需要有企业的标识及名称，须设反光条。

应为施工人员配备合格、统一的工作服，严禁穿短袖、短裤、裙装、拖鞋以及衣衫不整者进入现场。

人员应根据作业场所危害，结合个体防护装备的防护部位、防护功能、适用范围和防护装备对作业环境和使用者的适合性，选择合适的个体防护装备。

佩戴要求：电焊作业、射线作业、核清洁作业、酸洗钝化作业等有特殊要求的作业活动应穿特殊防护服。

| 辐射防护服（带铅衣） | 辐射防护服 | 酸洗钝化防护服 | 焊工服 |

参考标准：《个体防护装备配备规范 第1部分：总则》（GB 39800.1—2020）

《防护服装 化学防护服》（GB 24539—2021）

《防护服装 隔热服》（GB 38453—2019）

《防护服装 焊接服》（GB 8965.2—2022）

《防护服装 微波辐射防护服》（GB/T 23463—2009）

《防护服装 化学防护服的选择、使用和维护》（GB/T 24536—2009）

《建筑施工作业劳动防护用品配备及使用标准》（JGJ 184—2009）

C-1 劳动防护用品 　　C-1-2 安全帽

永久性标识

采购的安全帽应有安全帽型号、产品执行标准、生产日期、使用期限等永久性标识。

本产品符合 GB2811-2019
产品名称：安全帽
产品使用期限：自生产日起30个月

外观

安全帽正面印刷企业标志、人员姓名，后方粘贴人员识别帽贴

（帽贴的内容包括企业名称、姓名、部门/班组、编号等）。

佩戴要求

应将内衬圆周大小调节到对头部稍有约束感，不系下颌带低头时安全帽不会脱落为宜。

必须系好下颌带，下颌带应紧贴下颌。

女士戴安全帽时应将头发放进帽衬。

使用要求

使用前检查安全帽的外观是否有裂纹、痕迹、凹凸不平、磨损，帽衬是否完整，帽衬的结构是否处于正常

状态。

使用过程中不能随意在安全帽上拆卸或添加附件。

颜色

安全帽以不同颜色区分使用者。

管理人员　　　　安全/质量监督人员　　　参观/临时入场人员

帽壳

顶戴

吸汗条

下颌带

参考标准：《头部防护 安全帽》（GB 2811—2019）

安全鞋

施工人员进入现场必须穿安全鞋，安全鞋装

有防砸内包头，鞋底具有防穿刺功能。

防滑鞋

临边、脚手架、支模架等需防滑的登高作业

应穿防滑鞋。

绝缘鞋

存在触电风险的作业应穿绝缘鞋。

使用前应进行检查，存在破损、漏洞不得使用。

每半年应做一次绝缘性能检测。

参考标准：《个体防护装备配备规范 第1部分：总则》（GB 39800.1—2020）

《足部防护 安全鞋》（GB 21148—2020）

《个体防护装备 足部防护鞋（靴）的选择、使用和维护指南》（GB/T 28409—2012）

《足部防护 足趾保护包头和防刺穿垫》（GB/T 28288—2012）

《建筑施工作业劳动防护用品配备及使用标准》（JGJ 184—2009）

C-1 劳动防护用品　　C-1-3 手足部防护

防护手套

耐磨劳保手套

焊工专用手套

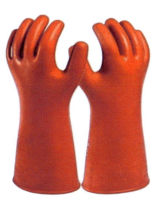

电工绝缘手套

耐酸碱手套

从事有划破手部风险的作业应佩戴防护手套。

焊工进行焊接作业时应佩戴焊工专用手套。

电工进行带电作业时应佩戴绝缘手套。

手部接触酸、碱时应佩戴耐酸碱手套。

参考标准：　《个体防护装备配备规范 第1部分：总则》（GB 39800.1—2020）

《手部防护 化学品及微生物防护手套》（GB 28881—2023）

《手部防护 机械危害防护手套》（GB 24541—2022）

《带电作业用绝缘手套》（GB/T 17622—2008）

《手部防护 防护手套的选择、使用和维护指南》（GB/T 29512—2013）

《焊工防护手套》（AQ 6103—2007）

《建筑施工作业劳动防护用品配备及使用标准》（JGJ 184—2009）

C-1 劳动防护用品　　**C-1-4 眼面部防护**

一般防护面罩

焊接专用面罩

护目镜

角磨机或砂轮切割机作业人员应佩戴防护面罩，焊接作业应佩戴焊接面罩。

从事除锈、凿毛等作业时，应根据需要佩戴护目镜或防护面罩。

参考标准：《个体防护装备配备规范 第1部分：总则》（GB 39800.1—2020）

《眼面防护具通用技术规范》（GB 14866—2023）

《个体防护装备 眼面部防护 激光防护镜》（GB 30863—2014）

《个体防护装备 眼面部防护 职业眼面部防护具 第1部分：要求》（GB 32166.1—2016）

《眼面部防护 强光源（非激光）防护镜 第1部分：技术要求》（GB/T 38696.1—2020）

《建筑施工作业劳动防护用品配备及使用标准》（JGJ 184—2009）

C-1 劳动防护用品　　　**C-1-5 听力、呼吸防护**

防护耳塞/耳罩

模板加工、管道切割、空压机作业等噪声场所作业，环境噪声强度≥85 dB的场所应佩戴防噪声耳塞。

防护口罩/呼吸器

从事除锈、凿毛、吹扫、石料加工等产生飞屑和粉尘的作业时，应佩戴防尘口罩或呼吸器。

防尘口罩　　　　　　自吸过滤式防颗粒物呼吸器　　　　　　全面罩

参考标准：《个体防护装备配备规范 第1部分：总则》（GB 39800.1—2020）
《呼吸防护 自吸过滤式防颗粒物呼吸器》（GB 2626—2019）
《个体防护装备 护听器的通用技术条件》（GB/T 31422—2015）
《建筑施工作业劳动防护用品配备及使用标准》（JGJ 184—2009）

中广核工程有限公司

C-2 坠落防护　　　　**C-2-1 防坠落防护用品**

安全带

基本要求：安全带应符合国家标准的技术和检验要求，进场应查验安全带的生产日期、生产许可证、产品合格证、检验证。

高处作业时，应根据坠落防护需求选择合适的坠落悬挂用安全带。

挂点选择：安全带应拴挂于牢固的构件或物体上，应防止挂点摆动或碰撞。

挂点必须可靠，能够承受不低于22 kN（2 200 kg）的重量。

钢结构挂点

混凝土板挂点

模板工程挂点

坠落悬挂用安全带

作业特点	选择防护用品
大范围水平移动作业	全身式系带+安全绳及缓冲器
小范围水平移动作业	全身式系带+安全绳及缓冲器 全身式系带+防坠器
固定范围作业	全身式系带+安全绳及缓冲器 全身式系带+防坠器
垂直面上作业或上下移动	全身式系带+安全绳及缓冲器 全身式系带+防坠器 全身式系带+抓绳器

根据高处作业特点选择合适的安全带

参考标准：《坠落防护 安全带》（GB 6095—2021）

C-2 坠落防护　　C-2-1 防坠落防护用品

安全平网

设置要求：采购的安全平网应符合GB 5725 的要求，阻燃能力应符合GB 5725的要求。

采用平网防护时，严禁使用密目式安全立网代替平网。

安全平网系绳与网体牢固连接，各系绳沿网边均匀分布，相邻两系绳间距不应大于750 mm，系绳长度不小于800 mm；安全平网上两根相邻筋绳的距离不应小于300 mm。

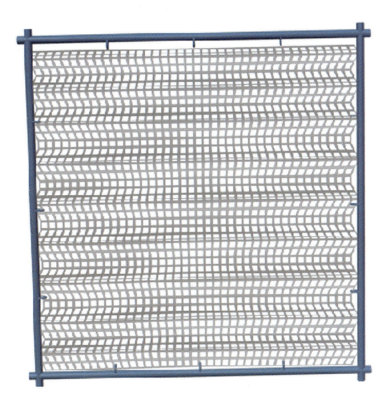

参考标准：《坠落防护 安全带 》（GB 6095—2021）

《安全网》（ GB 5725—2009 ）

《建筑施工高处作业安全技术规范》（ JGJ 80—2016 ）

C-2 坠落防护　　**C-2-1 防坠落防护用品**

水平生命线

设置要求：成品式水平生命线应根据产品说明书安装，非成品式水平生命线应符合设置要求。

若使用钢丝绳作为导轨，选用带有塑胶套且直径不低于12 mm的钢丝绳。

挂点应至少承受22 kN的径向拉力。

末端挂点钢丝绳端部固定连接应使用绳夹。

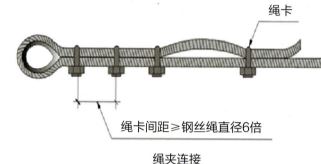

绳卡

绳卡间距≥钢丝绳直径6倍

绳夹连接

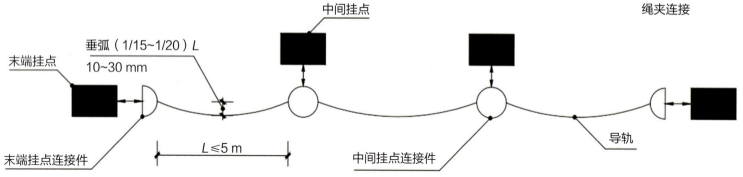

中间挂点

末端挂点

垂弧（1/15~1/20）L
10~30 mm

L≤5 m

末端挂点连接件

中间挂点连接件

导轨

水平生命线系统

水平生命线系统由水平生命线装置及配套使用的其他坠落防护装备（安全绳及缓冲器、安全带系带等）所组成，适用于高处作业需水平移动的坠落防护。

参考标准：《坠落防护 水平生命线装置》（GB 38454—2019）

C-2 坠落防护　　**C-2-2 坠落防护用品使用**

系带+安全绳及缓冲器

使用要求：使用坠落悬挂安全带时，挂点应位于工作平面上方，安全带应高挂低用，高度不低于腰部以下，安全绳与系带不能打结使用。

在高空攀爬或移动过程中必须使用双钩安全带，移动、攀爬时，交替配挂，保证有一根安全绳挂在固定物件上。

安全绳（含未打开的缓冲器）不应超过2 m，不应擅自将安全绳接长使用，如果需要使用2 m以上的安全绳应采用自锁器或速差式防坠器，与系带上的D形环连接。

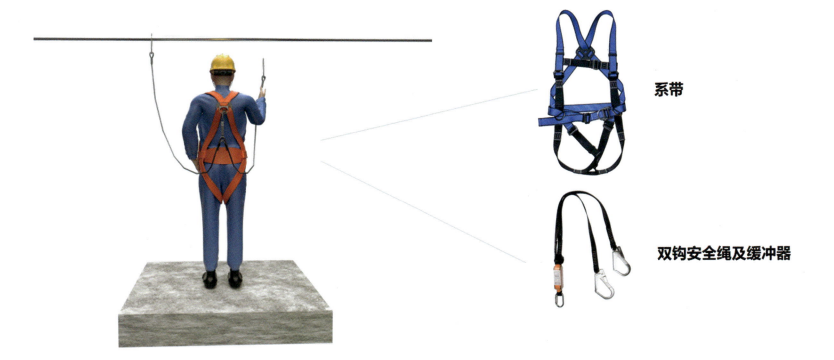

系带

双钩安全绳及缓冲器

参考标准：《坠落防护　安全带 》（GB 6095—2021）

C-2 坠落防护　　　**C-2-2 坠落防护用品使用**

系带+速差自控器（防坠器）

使用要求：速差自控器必须高挂低用。

在弧面上高处作业时，不得选用速差自控器。

使用速差自控器进行倾斜作业时，原则上倾斜度不超过30°。

防坠器安全绳使用完后应缓慢回收，禁止快速放回。

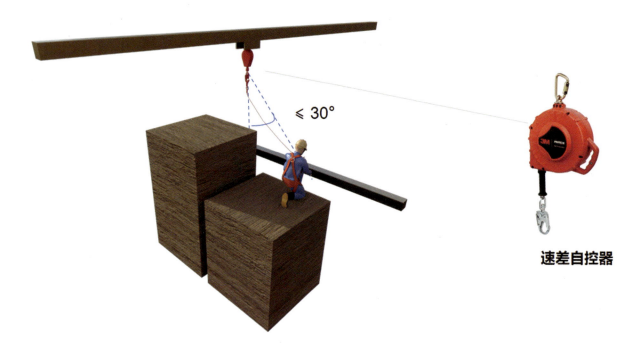

速差自控器

参考标准：《坠落防护 速差自控器》（GB 24544—2023）

系带+自锁器（抓绳器）+导轨

使用要求：自锁器的导轨应垂直放置，上下两端固定牢固，上下同一保护范围内严禁有接头，导轨与设备构架的间距应能满足自锁器灵活使用。

自锁器"箭头指示"方向朝上，安全钩、保险处于闭锁状态，手柄置于工作位。

自锁器安装完成后检查应急锁功能，确认保险完好无误后方可使用。

一条导轨只能用于保护一名作业人员，禁止挪作它用。

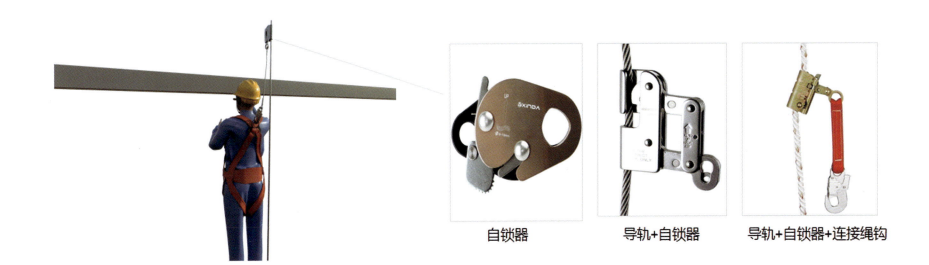

自锁器　　　导轨+自锁器　　　导轨+自锁器+连接绳钩

参考标准：《坠落防护　带柔性导轨的自锁器 》（GB/T 24537—2009）

C-3 临边、洞口防护　　**C-3-1 临边防护**

平台防护

设置要求：防护栏杆可采用脚手架钢管防护栏杆或定型化防护围栏，定型化防护围栏应符合JGJ 80的要求。

防护栏杆应根据实际情况，采用斜撑、混凝土墩、螺栓与构筑物拉结等方式固定，防护栏杆应能承受任何方向1 kN的外力。

踢脚板采用木板（厚度≥10 mm）、镀锌铁板（厚度≥1 mm）、钢板（厚度≥1 mm）或脚手板制作。

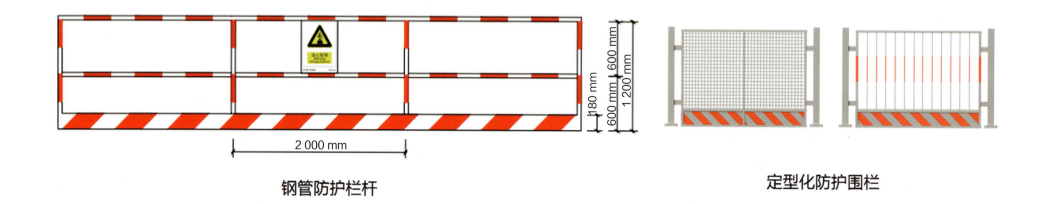

钢管防护栏杆　　　　　　　　　　　　　　定型化防护围栏

参考标准：《建筑施工高处作业安全技术规范》（JGJ 80—2016）

楼梯

设置要求：楼梯边防护应采用脚手架钢管防护栏杆，杆件刷红白相间安全警示色。

立杆底部用膨胀螺栓固定，并设置踢脚板。

防护栏杆应能承受任何方向1 kN的外力。

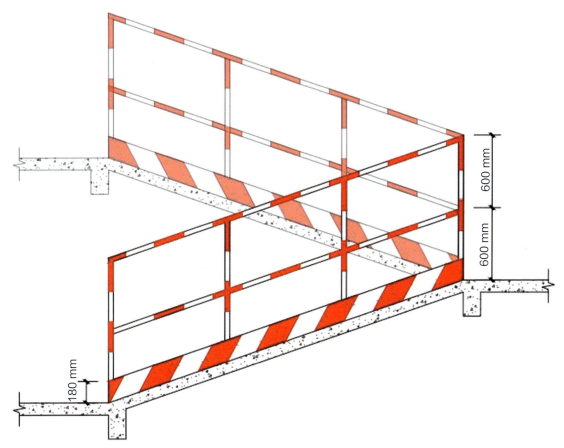

参考标准：《建筑施工高处作业安全技术规范》（JGJ 80—2016）

平面洞口防护（洞口短边尺寸≤500 mm）

防护方式：方形或圆形盖板覆盖。

材　　质：不低于4 mm厚Q235B花纹钢板，盖板不允许拼接。

设置要求：四角使用角钢或钢筋制作限位；洞口防护盖板上张贴孔洞责任信息牌和"严禁堆载和踩踏"标牌 (参考本书 A-3)。

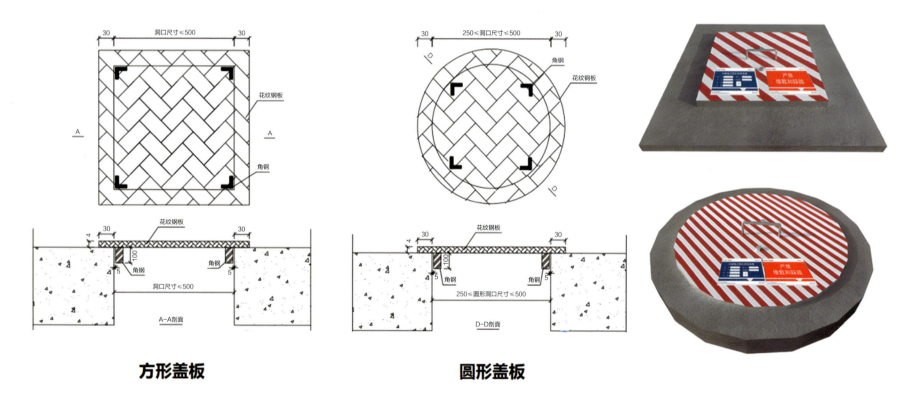

方形盖板　　　　　　　　**圆形盖板**

参考标准：《建筑施工高处作业安全技术规范》（JGJ 80—2016）

中广核工程有限公司

C-3 临边、洞口防护　　　C-3-2 洞口防护

平面洞口防护（500 mm＜洞口短边尺寸≤1 500 mm）

防护方式1：方形或圆形盖板覆盖。

材　　质：不低于4 mm厚Q235B花纹钢板。

设 置 要 求：四角使用角钢或钢筋制作限位，盖板背面焊接角钢加固。

洞口防护盖板上张贴孔洞责任信息牌 (参考本书 A-3)。

防护方式2：防护栏杆。

设 置 要 求：防护栏杆（参考本章节平台防护）四周用密目式安全网进行封闭，立杆使用螺栓、焊接或与其他构造物连接固定牢固。

防护栏杆上张贴孔洞责任信息牌 (参考本书 A-3)。

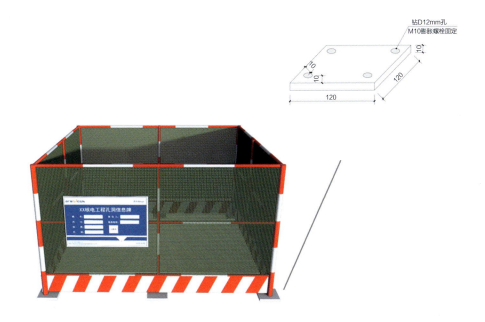

方形盖板　　　　　**圆形盖板**

参考标准：《建筑施工高处作业安全技术规范》（JGJ 80—2016）

C-3 临边、洞口防护　　**C-3-2 洞口防护**

平面洞口防护（洞口短边尺寸＞1 500 mm）

防护方式：防护栏杆+安全平网。

设置要求：洞口四周设防护栏杆和安全立网，洞口张设安全平网。

　　　　　　防护栏杆与平面洞口防护（500 mm＜洞口短边尺寸≤1 500 mm）设置要求一致。

参考标准：《建筑施工高处作业安全技术规范》（JGJ 80—2016）

C-3 临边、洞口防护　　C-3-2 洞口防护

竖向洞口防护

设置要求：电梯井口、电缆井口、管道井口等竖向洞口，应采用实体封堵。

封堵板材厚度不小于10 mm，刷红白相间油漆，张贴孔洞责任信息牌。

防护栏杆设置符合安全要求(参考本节平台防护)，设安全密目网，并张贴孔洞责任信息牌。

形式1：封堵板材

形式2：防护栏杆

参考标准：《建筑施工高处作业安全技术规范》（JGJ 80—2016）

C-4 隔离围栏

固定围栏

设置要求：分区隔离围栏以焊接或螺栓套接固定形式组装，通过螺栓固定在硬化地面上。

栏杆使用钢管材料，刷红白色油漆。

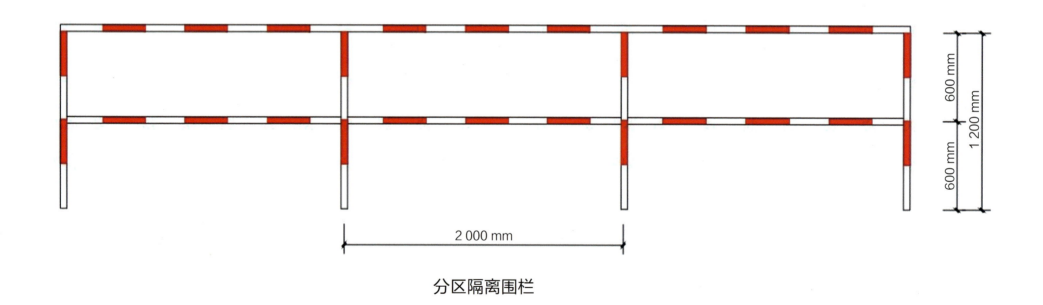

分区隔离围栏

C-4 隔离围栏

移动围栏

设置要求：存在明显人身伤害风险的区域（如存在落物打击、机械伤害、交通伤害风险区域），使用红白警示围栏或警示带设置全封闭作业区，并悬挂警示标识。

不存在明显的人身伤害的区域，使用黄黑警示围栏或警示带设置作业区。

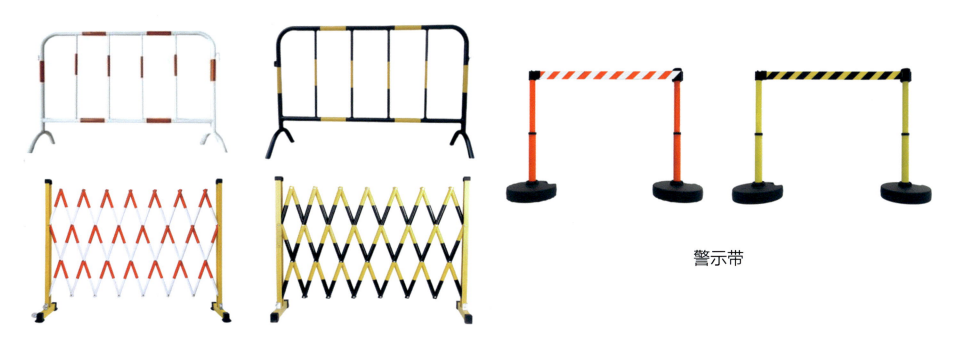

警示围栏　　　　　　　　　　　　　　　　　警示带

C-5 通道、梯台、梯子

主通道入口

尺　　寸：宜选用6 m×4.5 m，具体尺寸根据现场实际情况确定。

设置要求：安全通道口设置安全通道醒目标识，同时配置安全警示标志。

搭设在塔吊回转半径和建筑物周边的工具式安全通道必须设置双层硬质防护。

通道内可布置安全文明施工宣传标牌。

水平通道

设置要求：高处作业的施工作业层，应设置水平安全通道。

通道应使用钢管搭设防护栏杆（参考本书 C-3-1 ），设置踢脚板，通道宽度不应小于1 m。

通道下方有人员作业或通过时，必须在防护栏杆上挂设密目式安全网。

C-5 通道、梯台、梯子

斜道

设置要求：斜道两侧应设置踢脚板和双道防护栏杆，两侧挂密目式安全网封闭。

斜道应满铺，踏步上应采取设置防滑条、网格面层或格栅式垫板等防滑措施。

上下人斜道、运料斜道的宽度、坡度见图示。

踏步防滑

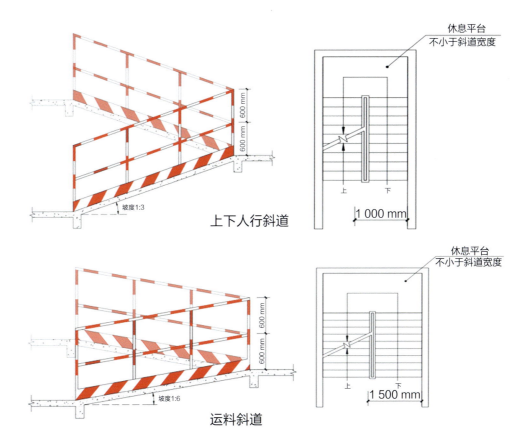

上下人行斜道

运料斜道

C-5 通道、梯台、梯子

工具式竖向安全通道

适用范围：施工场地狭小、边坡较陡或垂直支护的基坑、桥梁施工，脚手架搭设等场所。

设置要求：通道每个标准节大小及构造可根据实际场地和需要，设置单跑或双跑楼梯及休息平台，楼梯侧边设置防护栏杆。

四周采用型钢及钢板网进行防护，标准节之间通过螺栓连接，每间隔一个标准节设置连墙措施。

梯子

采购要求：梯子应具有产品合格证，并张贴定期检验合格标识。

使用要求：使用直梯长度一般不大于6 m，人字梯长度一般不大于4 m，若高度超过此范围必须采取专项管控措施。

禁止使用直梯最上方3个横档，无扶手人字梯禁止使用最上方2个横档，禁止使用的横档上刷红色警示色。

在人字梯上作业时不应踏在梯子顶端，离梯子顶端不应少于2步。

同时段一部梯子上只能一人作业。

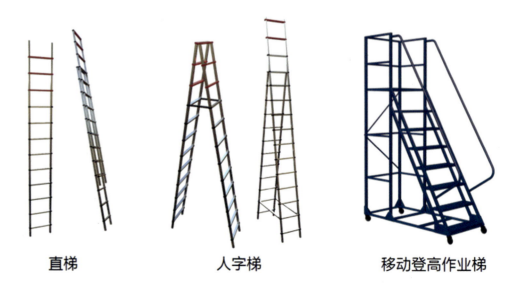

直梯   人字梯   移动登高作业梯

Clean　　　　**Green**　　　　**Nature**

Clean Energy　　　Green Power　　　Nature Sustainability
一个清洁能源产业集团　一个绿色持续电力系统　一种自然共生发展模式

C-6 脚手架、工作平台   C-6-1 型钢悬挑脚手架

悬挑梁固定：锚固型钢悬挑梁的U形钢筋拉环或锚固螺栓直径不小于16 mm；最后一道锚固距尾端不小于200 mm；U形钢筋拉环、锚固螺栓与型钢间隙应用硬木楔楔紧。

　　悬挑钢梁固定段长度不应小于悬挑段长度的1.25倍；悬挑梁按立杆间距布置，悬挑端应设置能使脚手架立杆与钢梁可靠固定的定位点，定位点离悬挑梁端部不应小于100 mm。

结构斜拉结：每个型钢悬挑梁外端宜设置钢丝绳或钢拉杆与上一层建筑结构斜拉结，钢丝绳卡不得少于3个。

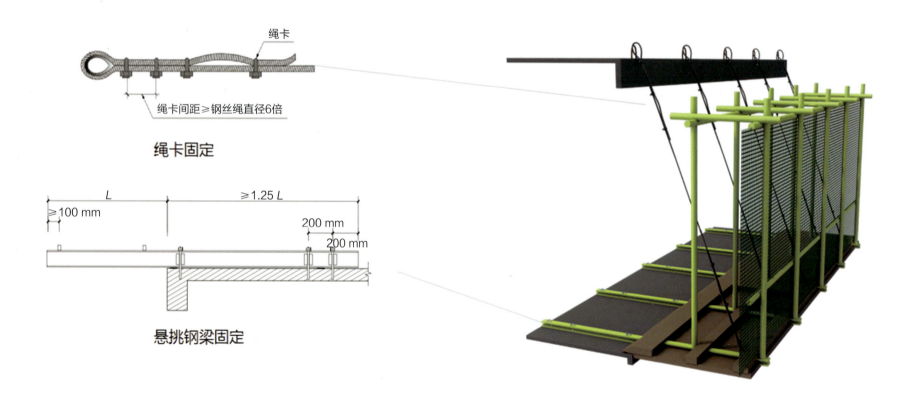

参考标准：《建筑施工扣件式钢管脚手架安全技术规范》（JGJ 130—2011）

C-6 脚手架、工作平台　　C-6-2 扣件式钢管脚手架　　脚手架材料

钢管

脚手架钢管宜采用ϕ48.3 mmX3.6 mm镀锌钢管，钢管上严禁打孔，钢管有孔时不得使用

扣件

扣件在螺栓拧紧扭力矩达到65 N·m时，不发生破坏。

脚手板

采用宽度不小于20 cm的专用压型钢跳板，钢板厚度不宜小于1.5 mm，板面冲孔内切圆直径应小于25 mm。

挡脚板

挡脚板一般采用木板或钢板，宽度不小于180 mm。

垫板

宜采用厚度不小于 50 mm、宽度不小于 200 mm的木垫板。

底座

底座可根据承载力要求选择，应符合GB/T 15831中相关规定。

参考标准：《建筑施工脚手架安全技术统一标准》（GB 51210—2016）

《钢管脚手架扣件》（GB/T 15831—2023）

C-6 脚手架、工作平台　　C-6-2 扣件式钢管脚手架

① 地基

脚手架地基应平整坚实，并设置排水措施。

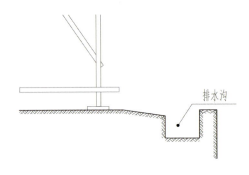

② 底座或垫板

非混凝土硬化地面须使用垫板，垫板长度应不少于 2 跨。

③ 扫地杆

脚手架必须设置纵、横向扫地杆。纵向扫地杆应采用直角扣件固定在立杆上；横向扫地杆应采用直角扣件固定在紧靠纵向扫地杆下方的立杆上。

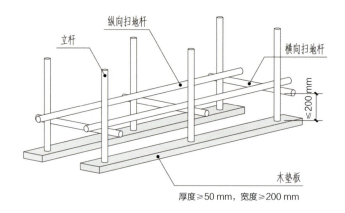

厚度≥50 mm，宽度≥200 mm

参考标准：《施工脚手架通用规范》（GB 55023—2022）
《建筑施工扣件式钢管脚手架安全技术规范》（JGJ 130—2011）

C-6 脚手架、工作平台　　C-6-2 扣件式钢管脚手架

④ 立杆

单排、双排与满堂脚手架立杆接长除顶层顶步外，其

余各层各步接头必须采用对接扣件连接。

当立杆采用对接接长时，立杆的对接扣件应交错布置，

两根相邻立杆的接头不应设置在同步内。同步内隔一根

立杆的两个相邻接头高度应错开不小于0.5 m，各接头

中心至主节点的距离不大于步距的1/3。

⑤ 连墙件

连墙件应水平布置，靠近主节点设置，与内外排立杆相

连，偏离主节点的距离不大于300 mm。

开口型脚手架两端必须设置连墙件，垂直间距不大于层高

且不大于4 m。

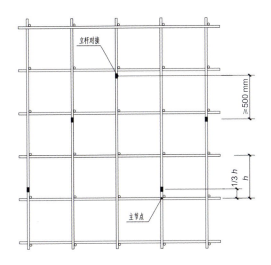

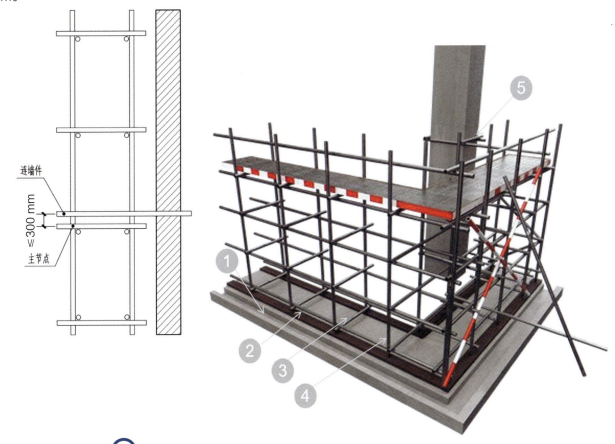

⑥ 横向水平杆

脚手架主节点必须设置横向水平杆，且严禁拆除。

各杆件端头伸出扣件盖板边缘的长度不应小于100 mm。

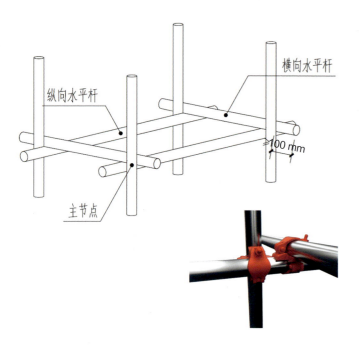

⑦ 纵向水平杆

纵向水平杆应设置在立杆内侧，单根杆长度不应小于 3 跨，可采用对接或搭接方式连接。不同步或不同跨两个相邻接头在水平方向错开的距离不应小于500 mm；各接头中心至最近主节点的距离不应大于纵距的1/3。

纵向水平杆搭接长度不小于1 m，等间距设置3个旋转扣件固定。

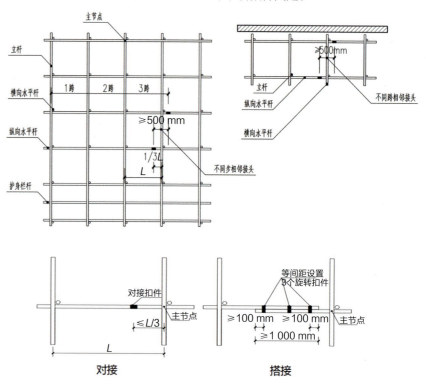

对接　　　　　　　搭接

参考标准：《施工脚手架通用规范》（GB 55023—2022）
《建筑施工扣件式钢管脚手架安全技术规范》（JGJ 130—2011）

⑧ 抛撑

脚手架开始搭设立杆时，应每隔 6 跨设置一根抛撑；当搭设抛撑时，抛撑应采用通长杆件，并用旋转扣件固定在脚手架上，抛撑应在连墙件搭设后再拆除。

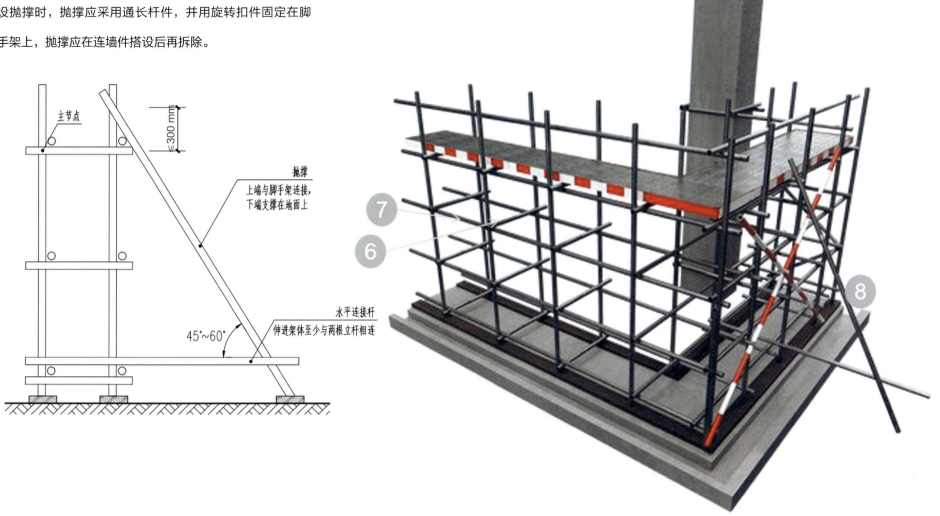

主节点

≤300 mm

抛撑
上端与脚手架连接，
下端支撑在地面上

45°~60°

水平连接杆
伸进架体至少与两根立杆相连

中广核工程有限公司

C-6 脚手架、工作平台　　C-6-2 扣件式钢管脚手架

⑨ **剪刀撑**

高度在24 m以下的脚手架，必须在外侧两端、转角及中间间隔不超过15 m的立面上，各设

置一道剪刀撑，并应由底到顶连续设置。高度在24 m及以上的双排脚手架应在外侧全立面

连续设置剪刀撑。

每道剪刀撑宽度不应小于4跨，且不应小于6 m，斜杆与地面的倾角应在45°～60°之间；

剪刀撑搭接长度不应小于1 m，并应采用不少于3个旋转扣件固定。

⑩ **斜撑**

横向斜撑应在同一节间，由底至顶呈之字形连续设置。

开口型脚手架两端必须设置横向斜撑。

高度在24 m以上的封闭型脚手架，除拐角应设置横向斜撑外，中间应每隔6跨距设置

一道。

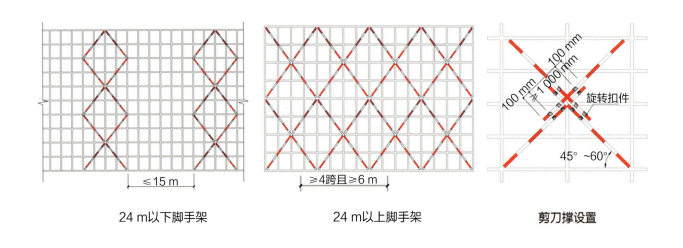

24 m以下脚手架　　　　24 m以上脚手架　　　　剪刀撑设置

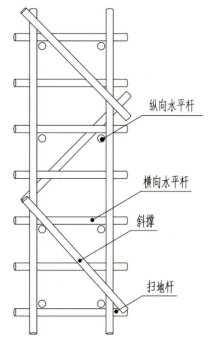

参考标准：《施工脚手架通用规范》（GB 55023—2022）

《建筑施工扣件式钢管脚手架安全技术规范》（JGJ 130—2011）

⑪ 脚手板

脚手板应设置在2~3根横向水平杆上。

脚手板对接平铺或搭接铺设应符合安全要求。

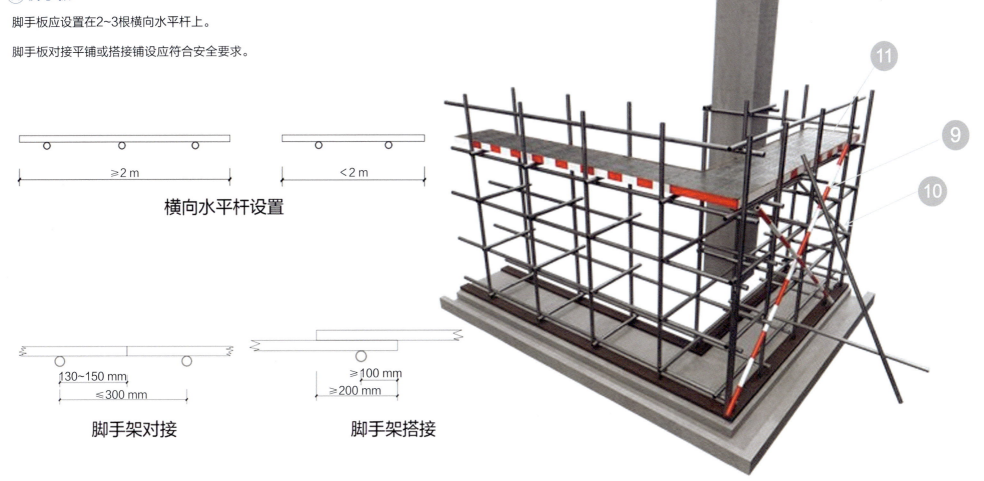

≥2 m

<2 m

横向水平杆设置

130~150 mm
≤300 mm

脚手架对接

≥100 mm
≥200 mm

脚手架搭接

C-6 脚手架、工作平台　　C-6-3 承插型盘扣式脚手架

盘扣插销固定

杆端扣接头与连接盘的插销连接锤击自锁后不应拔脱。搭设脚手架时，宜采用不小于 0.5 kg 的锤子敲击插销顶面不少于2次，直至插销销紧。销紧后应再次击打，插销下沉量不应大于3 mm。

丝杆外露

支撑架可调托撑伸出顶层水平杆或双槽托梁中心线的悬臂长度不应超过 650 mm，且丝杆外露长度不应超过 400 mm，可调托撑插入立杆或双槽托梁长度不得小于 150 mm。

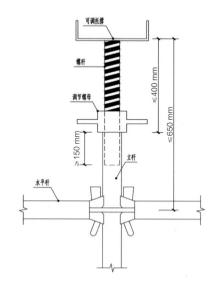

水平剪刀撑

支撑架应沿高度每间隔 4~6 个标准步距设置水平剪刀撑，并应符合现行行业标准 JGJ 130 中钢管水平剪刀撑的相关规定。

当架体搭设高度在 8 m 以下时，应在架顶部设置连续水平剪刀撑。

当架体搭设高度在 8 m 及以上时，应在架体底部、顶部及竖向间隔不超过 8 m 分别设置连续水平剪刀撑。水平剪刀撑宜在竖向剪刀撑斜杆相交平面设置。

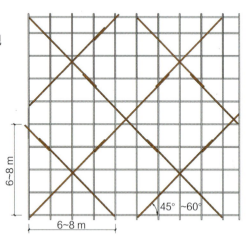

竖向斜撑

双排作业架的外侧立面上应设置竖向斜杆。

在脚手架的转角处、开口型脚手架端部应由架体底部至顶部连续设置斜杆。

应每隔不大于4跨设置一道竖向或斜向连续斜杆；当架体搭设高度在 24 m 以上时，应每隔不大于3跨设置一道竖向斜杆。

竖向斜杆应在双排作业架外侧相邻立杆

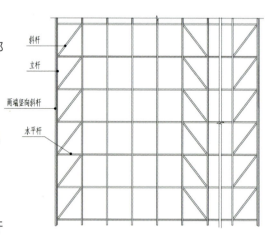

参考标准：《建筑施工承插型盘扣式钢管脚手架安全技术标准》（JGJ/T 231—2021）

C-6 脚手架、工作平台　　C-6-4 操作平台

落地式操作平台

① 平台

落地式操作平台高度不应超过15 m，高宽比不应大于3:1；施工平台的施工荷载不应

大于2.0 kN/m²。

② 护栏

作业面应满铺脚手板，设防护栏（参考本书 C-3-1），并用密目式安全网全封闭。

③ 连墙件

落地式操作平台应从底层第一步水平杆起逐层设置连墙件，且间隔不应大于 4 m；

连墙件应采用可承受拉力和压力的构造，并应与建筑结构可靠连接。

④ 剪刀撑

落地式操作平台应设置水平剪刀撑，在外立面设置剪刀撑或斜撑。

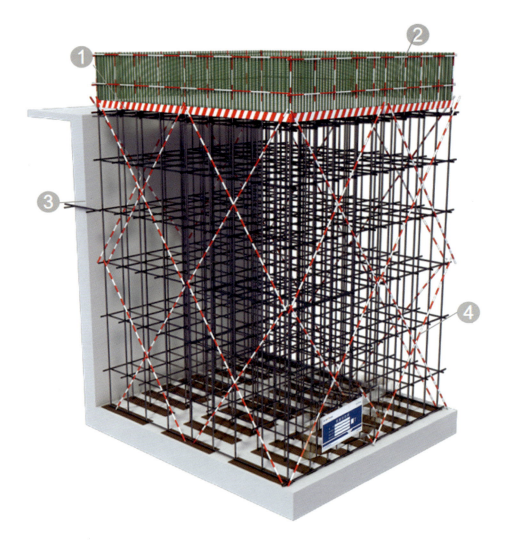

参考标准：《建筑施工高处作业安全技术规范》（JGJ 80—2016）

C-6 脚手架、工作平台　　C-6-4 操作平台

移动式操作平台

① 平台

移动式操作平台的面积不应超过10 ㎡，高度不应超过5 m，高宽比不应大于2:1（大于2:1时加设抛撑进行加固），施工荷载不应超过1.5 kN/㎡。

② 坠落防护

2 m及以上的高空作业须有安全稳固的操作平台，平台应安装牢固的防护栏杆，超过4 m以上必须安装防坠器。

③ 移动轮

移动式操作平台的轮子与平台架体连接应牢固，立柱底端离地面不得超过80 mm，行走轮和导向轮应配有制动器或刹车闸等固定措施。

行走轮的承载力不应小于5 kN，行走轮制动器的制动力矩不应小于2.5 N·m，移动式操作平台架体应保持垂直，不得弯曲变形，行走轮的制动器除移动情况外，均应保持制动状态。

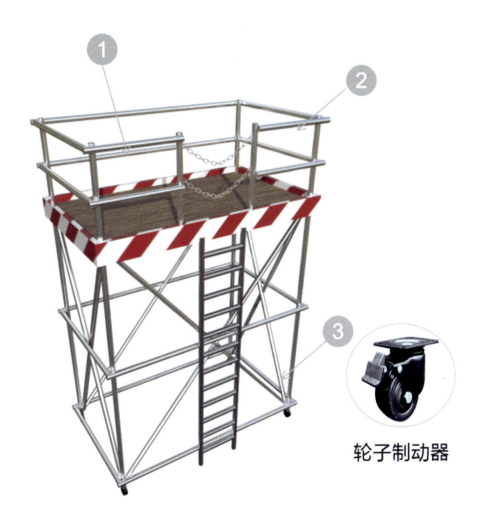

轮子制动器

参考标准：《建筑施工高处作业安全技术规范》（JGJ 80—2016）

C-6 脚手架、工作平台　　C-6-4 操作平台

悬挑式操作平台

① 平台

操作平台的搁置点、拉结点、支撑点应设置在稳定的主体结构上，且应可靠连接。

悬挑式操作平台均布荷载不应大于5.5 kN/㎡，集中荷载不应大于15 kN。

严禁将操作平台设置在临时设施上。

② 钢丝绳

悬挑式操作平台安装时，钢丝绳应采用专用的钢丝绳夹连接，钢丝绳夹数量应与钢丝绳直径相匹配，且不得少于4个。

建筑物锐角、利口周围系钢丝绳处应加衬软垫物。

③ 防坠措施

悬挑式操作平台外侧应安装防护栏杆（参考本书 C-3-1 ），栏杆内侧用模板或薄型钢板封闭。

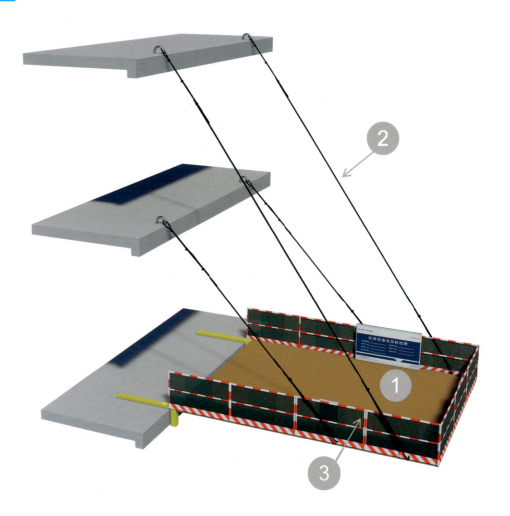

参考标准：《建筑施工高处作业安全技术规范》（ JGJ 80—2016 ）

C-7 应急　　　C-7-1 应急汇合点和应急设施

应急汇合点

设置要求：应急汇合点应靠近人员密集的区域，靠近道路、车辆易进出，场地地势平坦，场地有可供消防车停留的空地，并配备应急照明和应急柜。

应急汇合点应设置应急汇合点标识牌（参考本书 A-3 ）。

应急通信设施

应急广播系统广播范围应覆盖所有施工现场，能有效传达应急指令、作业指令、安

全提示指令等。

整体布局

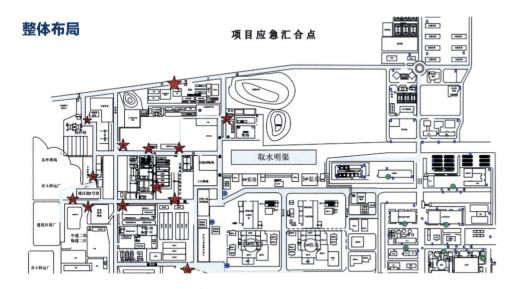

应急医疗室

设置位置：施工现场应根据实际情况设置医疗室或医疗点位。

配置要求：医疗室内配备必要的急救用品（如：担架、急救箱、AED等）。

在医疗室的明显位置设置相应标识牌。

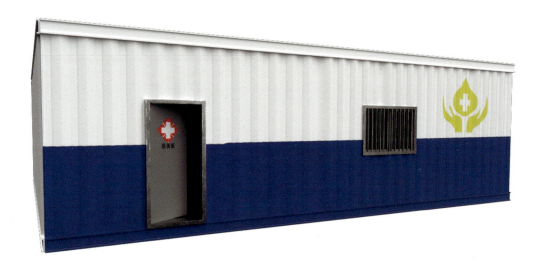

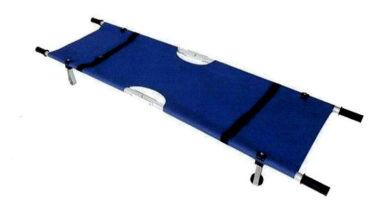

C-7 应急　　　C-7-1 应急汇合点和应急设施

应急救生笼

设置位置：作业现场无法水平运输伤员但具备垂直运输条件的，应在起重设备覆盖范围内设置可双人通过的应急单门外开式求生笼。

设置要求：救生笼上须标明额定载重量、张贴责任信息牌（参考本书 A-3），严禁挪作它用。

应急物资柜

设置要求：用于存放应急时所需的急救、抢险和个人防护物资，包括担架、急救箱、AED、扩音喇叭、安全帽、反光背心、手电筒、灭火器、逃生面罩、雨衣及雨靴等物资。

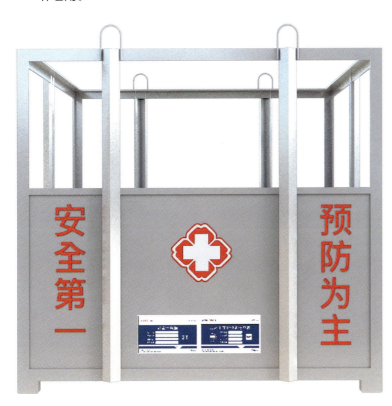

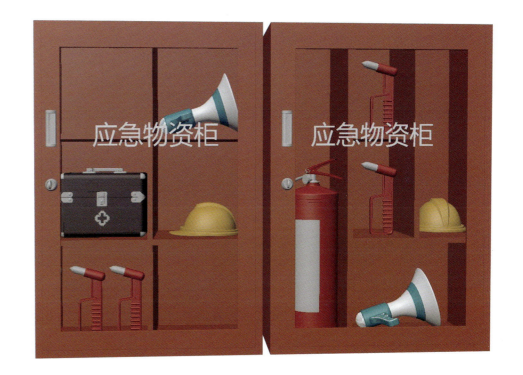

C-7 应急　　**C-7-2　防台风应急设施**　　**户外设施设备**

基本要求

重要设备、设施(现场塔吊、办公区、物资仓库、生产临建区等)须进行抗台风能力设计，防台措施不低于参考标准。

塔　　吊

解除吊钩上的吊索具，吊钩升至最高限位处，小车回收至使用说明书规定的位置。

回转机构制动装置采用常闭式的，应将制动装置打开，保证其能自由回转。

动臂俯仰变幅塔式起重机的起重臂停放在专版使用说明书或者专项技术文件规定的仰角范围内。

轨道行走式塔式起重机的夹轨器应与轨道夹紧，并根据大型设备防台风方案及现场情况补充采用插销式地锚等抗风防台风措施。

桥式起重机

起重机应停放在停机线上，解除吊钩上的吊索具，吊钩升至最高限位处，小车回收至使用说明书规定位置。

桥式起重机的小车停放在两条轨道中间；起重机控制器拨到零位，切断电源，关闭并锁好操纵室门窗。

锁紧夹轨器，在两侧行走轮安装轨道防滑铁鞋，并按要求使用插销式地锚或牵缆式地锚。

桥式起重机使用位置设有顶棚的，如顶棚整体抗风压能力小于计算风压要求，在台风预警信号生效时，顶棚应采取可靠的加固措施。

起重机工作状态下的抗风制动装置不能满足非工作状态下的抗风防风要求时，还应根据大型设备防台风方案装设牵缆式、插销式或其他形式的锚定或其他防风装置。

起重机有锚定装置时，锚定装置应能独立承受起重机非工作状态下的风荷载。

若安装锚定防风装置，在每侧地面设置混凝土地锚并安装预埋件，采用直径16 mm及以上的钢丝绳固定在门吊上。

防滑铁鞋　　　　夹轨器

C-7 应急　　C-7-2 防台风应急设施　　户外设施设备

搅拌站水泥灌

关闭区域所有电源。

水泥罐罐体应按照防台风设计方案，四周设定锚固

点，采用直径16 mm及以上的钢丝绳进行固定。

履带吊防台要求

履带起重机起重大臂放平，控制器拨到零位，切断电源，关闭并锁好操纵室门窗。

台风预警期间将履带吊行走至规划的场地趴杆。

配电箱

使用缆风绳连接锚点进行四点固定。

中广核工程有限公司

缆风绳

钢 丝 绳: 直径≥9.3 mm，公称抗拉强度≥185 kg/mm²。

套　　管: 红白警示色的PVC管道。

设置要求: 户外长度小于6 m的集装箱在四角钢墙柱顶端分别采用绳与地面锚固；长度大于6 m的集装箱横向间隔不超过2.5 m加一条钢丝绳固定。

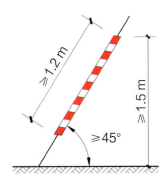

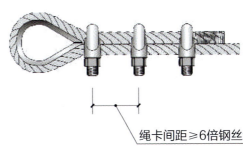

绳卡间距≥6倍钢丝绳直径

钢丝绳夹

钢丝绳夹应把夹座扣在钢丝绳的工作段上，U形螺栓扣在钢丝绳的尾段上，钢丝绳夹不得在钢丝绳上交替布置。

花篮螺栓

钢丝绳采用不低于M12的花篮螺栓调节松紧。

中广核工程有限公司

C-7 应急　　C-7-2 防台风应急设施　　集装箱

锚点设置——硬化地面

钢板+螺栓固定

采用钢板打孔，并用不少于4颗膨胀螺栓固定，膨胀螺栓规格不低于M8×60。

单个螺栓固定法

单个带钩型缆风绳连接锚固，螺栓规格不低于M10。

单个膨胀螺栓固定法只允许集装箱存放两个月内临时固定使用，不能用作长期固定。

锚固连接

硬化地面存放的集装箱除设置缆风绳外，还应在四角钢梁柱底部打膨胀螺栓与地面直接锚固连接。

C-7 应急　　**C-7-2　防台风应急设施**　　**集装箱**

锚点设置——软土地面

混凝土预埋锚点

长期使用时采用混凝土预埋锚点。

桩式地锚固定

短期使用时采用桩式地锚固定。

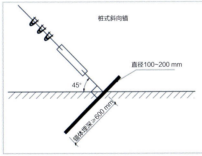

桩式斜向锚

直径100~200 mm

45°

锚杆埋深≥600 mm

集装箱连接固定

当多个、双层集装箱紧邻放置时，集装箱箱体间必须有效连接或焊接牢靠，形成整体增强抗风能力。

现场集装箱堆放使用不超过两层。

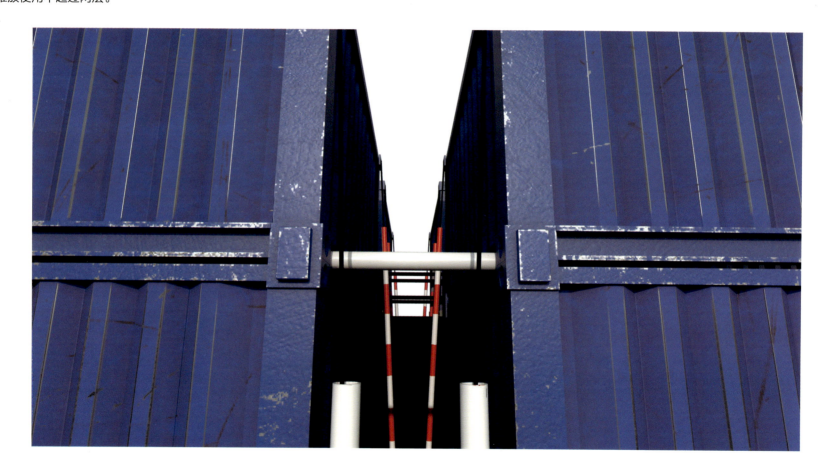

活动板房加固

施工现场搭建的临时彩钢瓦活动板房顶部屋面必须搭设钢管网格架压盖，网格架搭设时每个网格尺

寸为1.5 m×0.8 m，在板房四面网格架边缘纵横杆上连接设置缆风绳，下端设置锚固点。

活动板房缆风绳、锚固点的设置方法、要求与集装箱相同。

车间仓库加固

当房屋墙壁结构为混凝土或钢结构时，可不设缆风绳，但屋顶彩钢瓦上需要压盖金属纵横杆，成网

格状，并且要与混凝土墙壁或者钢梁柱结构卡紧扣牢。

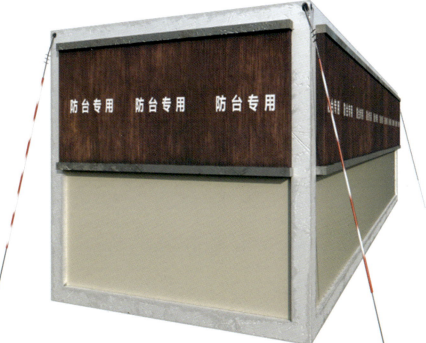

窗户加固

窗户外侧采用木质防护板进行加固，窗户内侧使用两道角钢或槽钢加固。

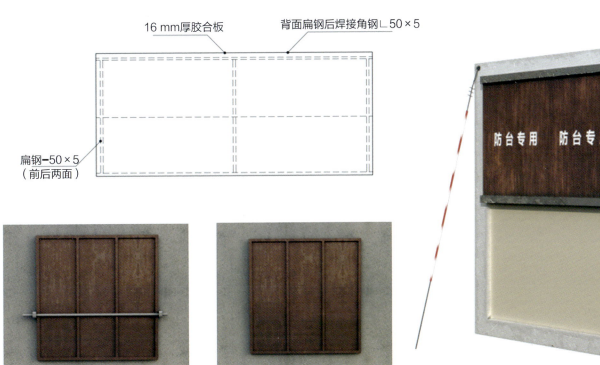

16 mm厚胶合板

背面扁钢后焊接角钢∟50×5

扁钢—50×5
（前后两面）

防台专用　防台专用　防台专用

门加固

底部轨道采用热轧钢轨（规格为38 kg/m），底部滚轮采用起重机行车用行走轮，凹槽深度不小于15 mm。

上部轨道采用规格不小于6 的槽钢作为导向轨道，轨道每隔1.5 m 设置一道横向支撑与门洞位置的檩条焊接固定，檩条处焊接加劲肋，以保证足够的刚度。

设置三道保护装置

两扇门之间通过直径不小于20 mm 的圆钢穿销进行连接。

在底部钢轨焊接两个锁紧装置，分别固定两扇门。

在顶部导向轨道位置再焊接两个锁紧装置，分别固定两扇门。

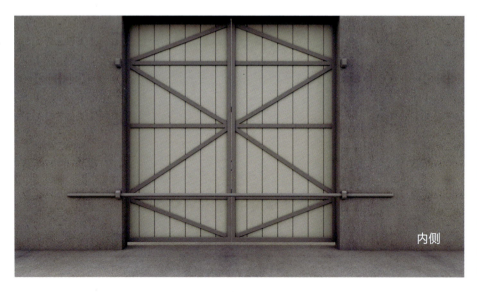

内侧

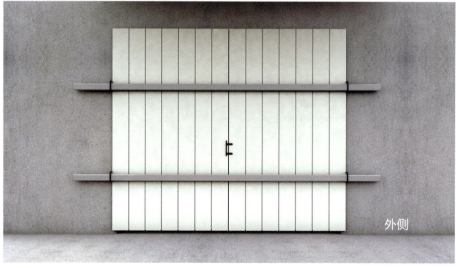

外侧

厂房

厂房房间门口砌筑挡水坎，室外预留洞口使用模板封堵。

廊道

根据水淹风险，制定廊道防水淹封堵、吊装孔防雨封堵措施。

预留孔洞封堵

挡水坎

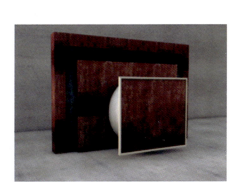

廊道防水淹封堵

边坡

临时边坡(裸露表土在一个月以上）：需进行混凝土喷护。

临时边坡(裸露表土在一个月内）：用防雨布或柔性网覆盖。柔性网紧贴坡面、无破损，网内无落石兜集；坡面无黄土裸露，无落石、坍塌、冲刷等坡面病害。

混凝土喷护

防雨布或柔性网覆盖

脚手架加固

脚手架通道应在四角柱顶端分别采用直径不小于16 mm的钢丝绳配合花篮螺栓与地面锚固点连接。

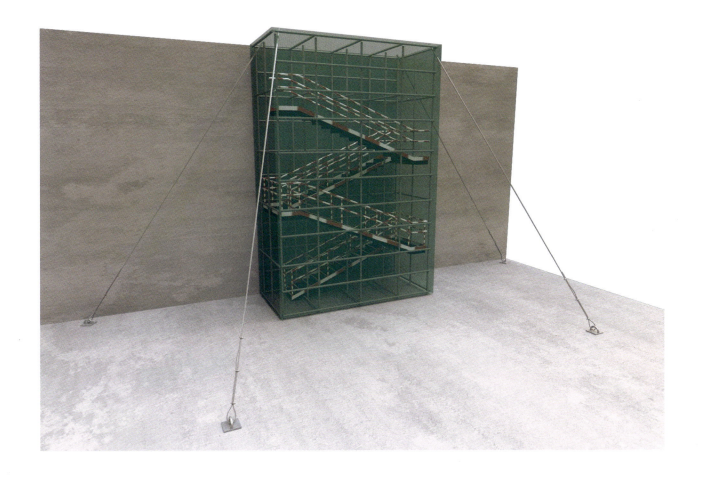

C-7 应急 | **C-7-2 防台风应急设施** | **其他区域**

岗亭固定

岗亭四角分别采用不少于4颗膨胀螺栓固定，膨胀螺栓规格不低于M8×60。

户外设备、零散物防护

户外设备如无倾倒风险，则使用防雨布覆盖，外侧增设安全网并绑扎牢固。

如有倾倒风险，还需在外侧搭设钢管网格架压盖，在网格架对角处设置缆风绳，

与底部配重块进行连接，达到抗风加固效果。

垃圾斗应清理干净，无法清理的应覆盖。

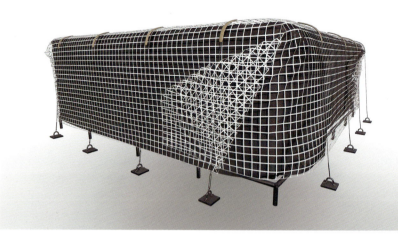

C-8 消防　　　**C-8-1 临时消防车道**

车道画线

消防车道采用画线或连续的挡车器划分。

消防车道内喷涂黄色"消防车道，严禁阻塞"字样。

车道宽、高

临时消防车道的净宽度和净空高度均不应小于4 m。

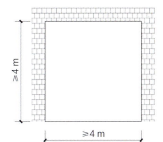

车道设置

临时消防车道宜为环形，设置环形车道确有困难时，应在

消防车道尽端设置尺寸不小于12 m×12 m的回车场。

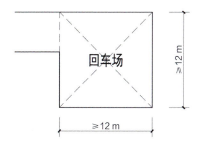

回车场

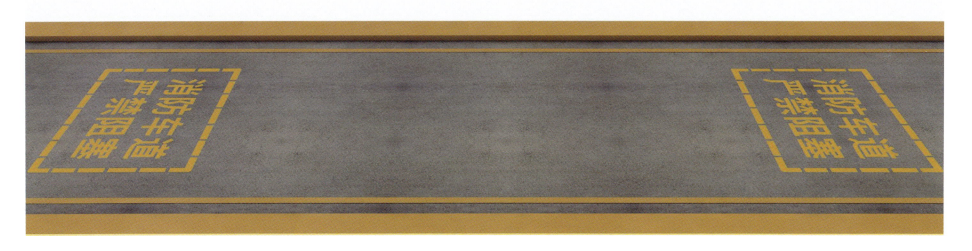

参考标准 《建设工程施工现场消防安全技术规范》（GB 50720—2011）

中广核工程有限公司

C-8 消防　　C-8-2 安全疏散

疏散通道

施工现场及车间、办公楼等临时用房均设置应急疏散通道。

施工作业层、临时用房各层均应在醒目位置设置安全疏散指示图。

疏散指示标识

作业场所应设置明显的疏散指示标志，其指示方向应指向最近的临时疏散通道入口。

应急照明

发电机房、变配电房、水泵房、无天然采光的作业场所及疏散通道、发生火灾时仍需坚持工作的场所应设置应急照明。

应急通道处应设置以蓄电池为备用电源且照度不低于正常工作场所90%的应急照明，疏散通道内的照度值不应小于0.5 lx。

应急灯具至少能保证60分钟稳定亮度的照明。

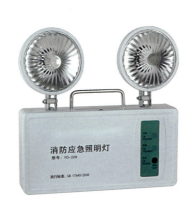

参考标准：《建设工程施工现场消防安全技术规范》（GB 50720—2011）

C-8 消防　　**C-8-3 临时消防给水设施**

设置要求：现场设置临时消防系统，消防栓、水枪、水炮应全面覆盖存在火灾隐患的区域。

室内消火栓

消防给水干管采用管径≥100 mm的镀锌管材，高层建筑可使用工程正式消防管作为临时消防管，消火栓接口及软管接口应设置在位置明显且易于操作的部位，消火栓接口或软管接口的间距，多层建筑不大于50 m，高层建筑不大于30 m。

室外消火栓

室外消火栓与在建工地、临时用房和可燃材料堆场及其加工场外边线距离≥5 m。

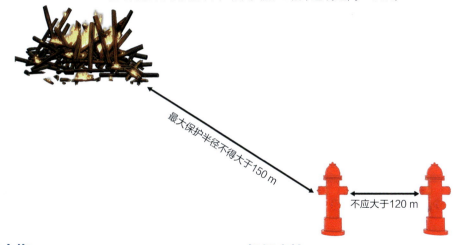

最大保护半径不得大于150 m

不应大于120 m

消防水炮

现场主要区域应设置消防专用水炮。

轻便水枪

现场不具备安装消防给水管的区域，可安装轻便水枪。

参考标准：《建设工程施工现场消防安全技术规范》（GB 50720—2011）

C-8 消防　　**C-8-4 消防器材**

配置要求：生活区、仓库、配电室、木工作业区等易燃易爆场所必须设置相应的消防器材，配置消防锹、沙箱、水桶、灭火器等器材。

灭火器

施工现场按规范要求配置灭火器。

微型消防站

施工临建区、施工区域均应设置消防器材集中点（微型消防站），根据实际情况，按"五五制"（灭火器、消防锹、消防钩、消防斧、消防桶）要求配备消防器材。

消防沙箱

危化品库等区域应配置消防沙箱。

灭火球

车间、仓库、配电室等应设置灭火球。

参考标准：《建设工程施工现场消防安全技术规范》（GB 50720—2011）

C-8 消防　　**C-8-5　消防重点部位和设备**

消防安全重点部位

将发生火灾可能性较大以及发生火灾可能造成重大的人身伤亡或者财产损失的部位，

如危化品库房、总配电室等，确定为消防安全重点部位。

消防安全重点部位设置明显标志，在明显位置悬挂消防安全重点部位标识牌（参考本

书 A-3）。

消防行动卡

重大火灾风险设备投入运行前,应根据其消防系统的进展编写临时消防行动卡，明

确火灾应急情况下各方应采取的具体行动，如：启动应急流程、断电、排油、启

动消防系统等。

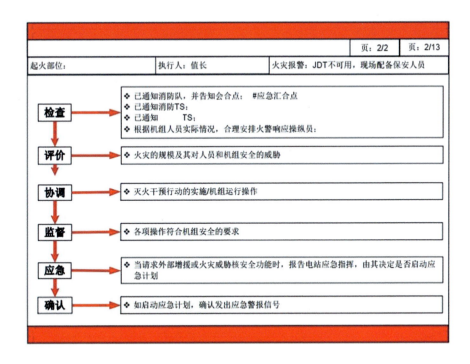

参考标准 《建设工程施工现场消防安全技术规范》（GB 50720—2011）

CGN

中广核工程有限公司

D 施工器具篇

① 起升高度限位器（高度限位）

功能：防止吊钩冲顶。

要求：吊钩装置顶部升至距小车架下端的最小距离为800 mm时，应能立即停止起

升运动，但应有下降运动。

② 回转限位器

功能：限制回转角度，防止主电缆绞断。

要求：回转限位开关动作时塔吊臂架旋转角度应不大于±540°。

③ 力矩限制器(力矩限位)

功能：防止最大起重力矩超过额定值，造成塔机刚度或稳定性破坏。

要求：当起重力矩大于相应幅度额定值并小于额定值110%时，应停止上升和向外

变幅动作，但应有下降和向内变幅动作。

④ 幅度限位装置

功能：防止变幅小车在起重臂上出轨或动臂变幅超过极限导致臂架倾翻。

要求：小车变幅塔机限位器安装在变幅减速器上，限位距止挡至少200 mm。

⑤ 起重量限制器（超重限位）

功能：可避免起重设备因过负荷超载造成的设备和人身事故。

要求：当载荷达到额定起升载荷的90%~95%时，应发出视觉和/或听觉预警信号。

参考标准：《起重机械超载保护装置》（GB/T 12602—2020）

《塔式起重机》（GB/T 5031—2019）

《起重机械定期检验规则》(TSG Q7015—2016)

① **起升高度限位器（高度限位）**

③ **力矩限制器(力矩限位)**

④ **幅度限位装置**

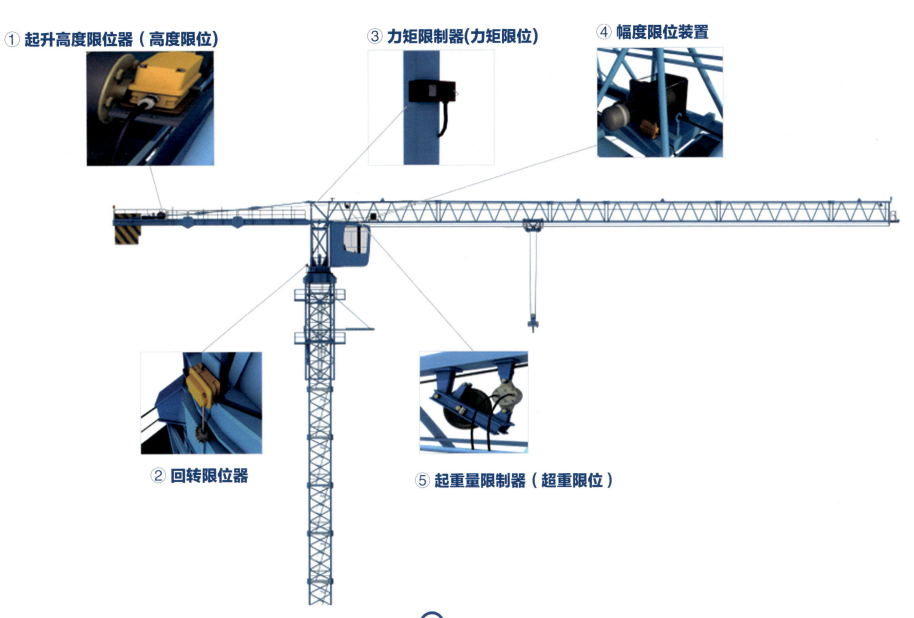

② **回转限位器**

⑤ **起重量限制器（超重限位）**

D-1 起重相关机械 **D-1-1 塔式起重机（塔吊）** **塔吊其他安全装置**

① **塔吊双刹装置**

要求： 通过主制动器和辅助制动器的联动来实现制动，可以有效地保证起重机的安全运行。

② **风速仪**

要求： 除起升高度低于30 m的自行架设塔机外，塔机应配备风速仪，当风速大于工作允许风速时，应能发出停止作业的警报。

③ **断绳保护装置**

功能： 在钢丝绳发生断裂或松脱时，切断电源，从而保护小车和工人的生命安全。

④ **断轴保护装置**

功能： 即使轮轴断裂，小车也不会掉落。

⑤ **吊钩防脱装置**

要求： 在吊钩开口处装设一弹簧压盖，压盖不能向上开启只能向下压开，防止索具从开口处脱出。

⑥ **顶升横梁防脱装置**

要求： 在塔式起重机顶升时，顶升横梁两端销轴搁置在标准节踏步的凹槽里，防脱装置插入踏步上的孔洞，防止顶升横梁因为放置不正确而脱出凹槽。

参考标准：《塔式起重机安全规程》（GB 5144—2006）

《塔式起重机》（GB/T 5031—2019）

《起重机械定期检验规则》(TSG Q7015—2016)

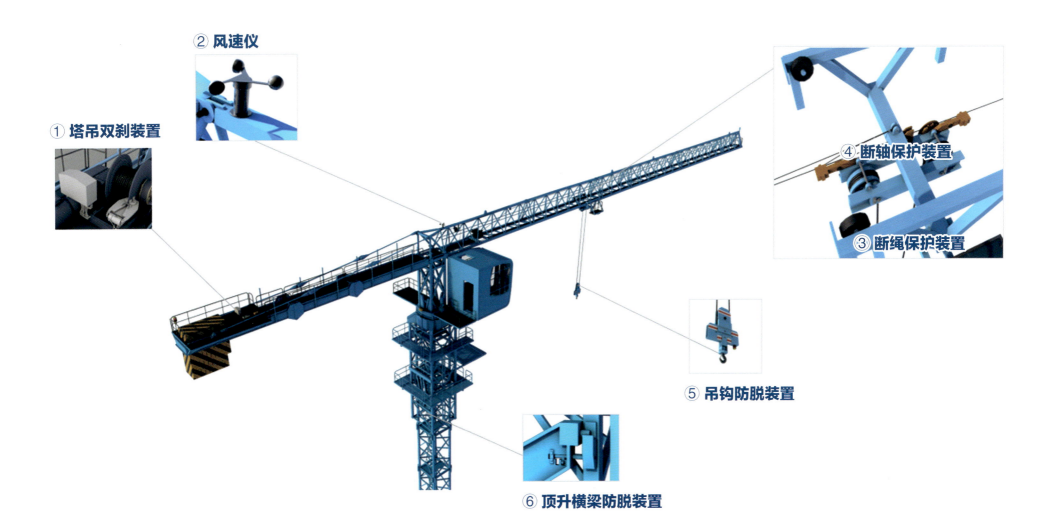

② 风速仪

① 塔吊双刹装置

④ 断轴保护装置

③ 断绳保护装置

⑤ 吊钩防脱装置

⑥ 顶升横梁防脱装置

D-1 起重相关机械 | **D-1-1 塔式起重机（塔吊）** | **塔吊基础及相关装置**

① 塔吊防台外包节

要求：塔吊外包节的安装需厂家出具书面说明，达到塔吊 17 级防台要求。

在塔吊外包节上可安装智能预警螺母，当高强螺母松动退丝时触碰压力传

感器后使智能预警螺母发出闪烁灯光，起到安全警示作用。

② 塔吊起重编号牌

要求：在塔身下端距离基础面或结构面不高于10 m处设置环形带有起重机编号和

公司logo的标志牌，推荐尺寸3 210 mmx2 560 mm。

③ 塔吊防攀爬

要求：塔吊采用四周布置钢板网、钢板网顶部布置防攀爬滚刺的方式防止人员攀

爬，可有效防止无关人员攀爬塔吊的情况发生。

④ 塔吊围栏

要求：外部使用方通+铁皮布置防爬围挡，高度1.8 m，围挡外侧四面分别使用

3 800 mmx2 500 mm的外光布，展示塔吊基础信息及相关警示信息，如

塔吊验收信息、十不吊、吊索具报废标准等。

鼓励在塔吊基础标准节处安装风速显示仪，以便作业人员、监督检查人员

直观、清楚地了解现场作业环境条件，及时做好防范措施。

塔吊司机人员进出位置使用挂锁反锁。

① 塔吊防台外包节

② 塔吊起重编号牌

③ 塔吊防攀爬

④ 塔吊围栏

夜间塔吊障碍指示灯及灯带

要　　求：当塔式起重机顶部高度大于30 m且高于周围建筑物时，应安装障碍指示灯。

塔式起重机障碍灯

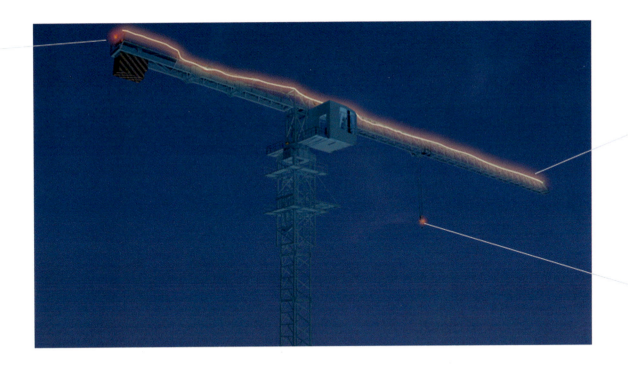

塔式起重机灯带

吊钩频闪灯

参考标准：《建筑施工安全检查标准》（JGJ 59—2011）

D-1 起重相关机械 | **D-1-1 塔式起重机（塔吊）** | **塔吊安全监控系统**

要　　求：可实时监控塔机运行状态，有效实现防超载、防群塔碰撞等功能，并将塔机运行数据、报警信息实时发送至远程可视化监控平台，实现数据分析反馈。

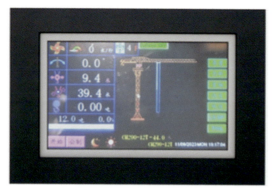

塔吊自身状态显示

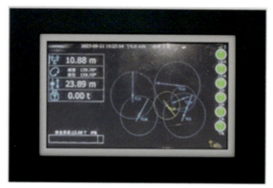

防碰撞系统状态显示

驾驶员视觉辅助系统

驾驶室监控

参考标准：《起重机械　安全监控管理系统》（GB/T 28264—2017）

《起重机械定期检验规则》(TSG Q7015—2016)

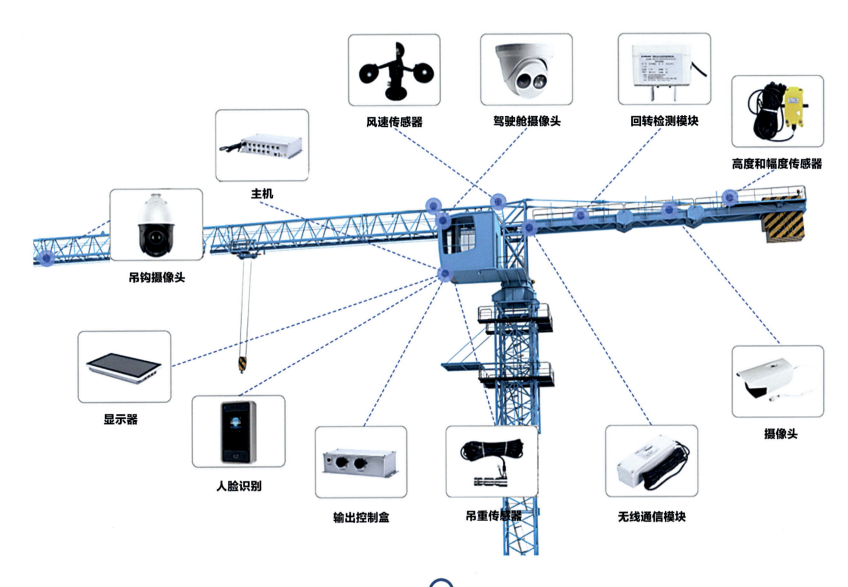

风速传感器   驾驶舱摄像头   回转检测模块

高度和幅度传感器

主机

吊钩摄像头

显示器

人脸识别

输出控制盒   吊重传感器   无线通信模块

摄像头

① 夹轨器

要求：夹轨钳安装在每个行走台车的车架两端，非工作状态时，把夹轨器放下来，转动螺栓，使夹钳夹紧在塔吊的轨道上。工作状态，把夹轨器上翻固定。

② 清轨板

要求：轨道式塔机的台车架上应安装排障清轨板，清轨板与轨道之间的间隙不应大于5 mm。

③ 缓冲器

要求：在轨道上运行的起重机的运行机构、起重小车的运行机构及起重机的变幅机构等均应装设缓冲器或缓冲装置。

缓冲器或缓冲装置可以安装在起重机上或轨道端部止挡装置上。

④ 止挡装置

要求：塔机行走的轨道行程末端需设置止挡装置。当塔机与止挡装置撞击时，缓冲器应使塔机较平稳地停车而不产生猛烈的冲击。

（注：轨道式的起重机均应设置车挡和缓冲器）

参考标准：《塔式起重机安全规程》（GB 5144—2006）

D-1 起重相关机械　　D-1-1 塔式起重机（塔吊）　　轨道式塔吊安全装置

① 夹轨器

③ 缓冲器

② 清轨板

④ 止挡装置

D-1 起重相关机械　　**D-1-2 门式和桥式起重机**　　**门式起重机**

① 行走警示装置

要求：门式、桥式起重机械四条行走支腿上应分别安装声光报警装置。

② 操作手柄

要求：若起重机使用地面操作式或遥控式操作手柄的，控制电源应采用安全电压；非工作状态时，遥控式按钮手柄应由专人保管，地面操作式按钮手柄应进行上锁管理，保证无关人员无法启动。

③ 铭牌

要求：产品铭牌应当至少标注制造单位名称、产品名称、型号规格、主要性能参数、出厂编号、制造日期和特种设备型式试验证书编号等信息。

④ 轨道跨接接地

要求：轨道安装时地面承载力应符合要求，轨道接头处间距≤4 mm，接头高低差≤2 mm，接头处应设置防雷跨接线。

⑤ 双限位装置

要求：门式、桥式起重机均需安装两种不同形式的高度限位装置（简称为"双限位"），如重锤式、断火式、压板式高度限位器等任意两种；对于已安装传动式高度限位装置（如齿轮、蜗轮蜗杆传动式高度限位器等）的起重机除外。

参考标准：《市场监管总局办公厅关于开展起重机械隐患排查治理工作的通知》（市监特设发〔2021〕16号）

《起重机械安全规程 第5部分：桥式和门式起重机》（GB/T 6067.5—2014）

《起重机设计规范》(GB/T 3811—2008)

D-1 起重相关机械　　**D-1-2 门式和桥式起重机**　　**门式起重机**

① 行走警示装置

② 操作手柄

③ 铭牌

④ 轨道跨接接地

⑤ 双限位装置

200 t

说　　明：桥式起重机安全装置可参见门式起重机。

参考标准：《市场监管总局办公厅关于开展起重机械隐患排查治理工作的通知》（市监特设发〔2021〕16号）
　　　　　《起重机械安全规程　第5部分:桥式和门式起重机》（GB/T 6067.5—2014）
　　　　　《起重机设计规范》（GB/T 3811—2008）

D-1 起重相关机械　　　**D-1-3 施工升降机**

施工升降机部分安全装置

① 防坠安全器

要求：每个吊笼内部应装有渐进式防坠安全器，不允许采用瞬时式安全器。防坠安全器只能在有效的标定期限内使用，有效标定期限不应超过一年。

② 极限开关

要求：吊笼越程超出限位开关后，极限开关须切断总电源使吊笼停车。在正常工作状态下，下极限开关的安装位置应保证吊笼碰到缓冲器之前，下极限开关首先动作。

③ ④ 上下限位开关

要求：当电机驱动升降平台上升或下降到达设定的上下限位时，限位开关会自动跳闸切断电路，使电机停止运转，升降平台停在限位位置上。

⑤ 围栏

要求：围栏门必须安装机电联锁保护装置。防护围栏高度不低于1.8 m，可采用实体板、冲孔板、焊接或编织，网孔的孔眼或开口应符合规范要求。

⑥ 施工升降机出入口防护棚

要求：进入施工升降机出入口处设置防砸棚。

参考标准：《施工升降机安全规程》（GB 10055—2007）

《建筑施工高处作业安全技术规范》（JGJ 80—2016）

D-1 起重相关机械　　　　**D-1-3 施工升降机**

施工升降机层站门与过渡踏板

层站门

要求：层站门必须向建筑物侧开门；层站门朝向梯笼一侧设置插销，插销日常处于锁紧关闭状态，每次开门均由升降机操作人员进行；楼层防护门应采用定型化半封闭门。

楼层间隙过渡踏板

要求：梯笼内设置可翻转的过渡踏板，踏板两侧应设防护栏杆并采取封闭措施，翻转时不得与楼层防护门互相干涉，翻转后应与停层平台可靠搭接。过渡踏板未翻转到位，不得开启楼层防护门。

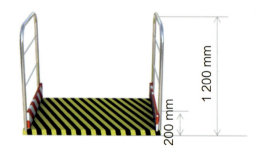

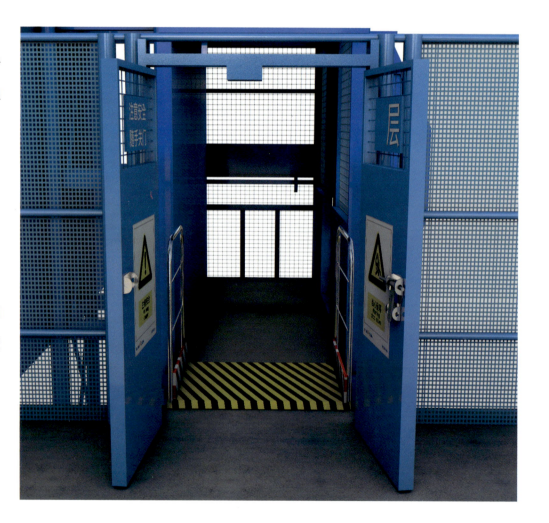

参考标准：《施工升降机安全规程》（GB 10055—2007）

《建筑施工高处作业安全技术规范》（JGJ 80—2016）

D-1 起重相关机械　　D-1-4 高处作业吊篮

① 悬挂机构

要求：安装在建筑物屋面、楼面，由钢梁、支架、平衡铁等部件组成。严禁将悬挂机构前支架架设在女儿墙上、女儿墙外或建筑物挑檐边缘。

② 安全锁

要求：防坠落装置应在有效期内使用，有效标定期限不大于一年。当工作钢丝绳失效、平台下降速度大于30 m/min、工作钢丝绳无负载或平台纵向倾斜角度大于14°等情况发生时，防坠落装置应能自动起作用。

③ 重锤

要求：安全钢丝绳的下端应安装重锤，以使钢丝绳绷直。重锤底部至地面高度100～200 mm 为宜。工作钢丝绳安装重锤按使用说明书规定执行。

④ 吊篮平台

要求：四周装有防护栏杆及挡脚板，平台底板应为坚固、防滑表面(如格形板或网纹板)，并固定可靠。底板上的任何开孔应设计成能防止直径为 15 mm 的球体通过，并有足够的排水措施。平台明显部位永久醒目地注明额定载重量和允许乘载的人数及其他注意事项。

⑤ 电控箱

要求：应提供停止吊篮控制系统运行的急停按钮，此按钮为红色并有明显的"急停"标记，不能自动复位。急停按钮按下后停止吊篮的所有动作。

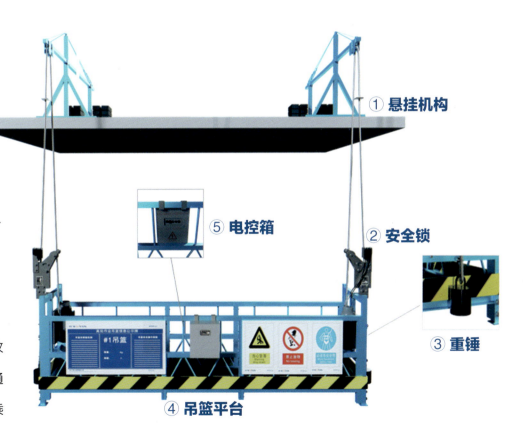

参考标准：《高处作业吊篮》（GB/T 19155—2017）

《建筑施工工具式脚手架安全技术规范》（JGJ 202—2010）

《高处作业吊篮安装、拆卸、使用技术规程》（JB/T 11699—2013）

D-1 起重相关机械　　　**D-1-5 高空作业机械**

曲臂式高空作业车

说明：具有伸缩臂，能悬伸作业，跨越一定的障碍或在一处升降可进行多点作业；360°旋转，平台载重量大，可供两人或多人同时作业并可搭载一定的设备。

直臂式高空作业车

说明：通常只有一条伸缩臂，能够提供平台快速升降功能。可用于作业高度较高的高处作业。

剪叉式高空作业车

说明：剪叉式工作平台如具有伸缩功能，其伸出部分应涂刷黄黑警示色，当伸缩平台出现故障时，应有手动缩回装置。

参考标准：《高空作业车》（GB/T 9465—2018）

D-1 起重相关机械   D-1-6 手拉葫芦

① 齿轮报废标准

齿厚磨损

说明：齿厚磨损量超过名义尺寸的10%，即报废

裂纹

说明：齿轮出现裂纹，即报废。

断齿

说明：齿轮出现断齿轮，即报废。

② 起重链条报废标准

磨损

说明：链环直径磨损超过名义尺寸的10%，即报废。

伸长

说明：11环节距伸长量超过3%，单环节距伸长量超过5%，即报废。

裂纹

说明：链条出现裂纹或其他有害缺陷，即报废。

③ 铭牌

要求：手拉葫芦产品应有清晰、耐久的铭牌，标注产品的型号、承重和起重高度、出产日期等。

其他零件的报废

要求：棘轮棘爪和弹簧出现严重磨损或腐蚀；链轮凹槽尺寸磨损增大超过名义尺寸的10%。轴与轴承间的间隙增大超过名义尺寸的15%。摩擦片磨损量超过名义尺寸的25%。

参考标准：《手拉葫芦 安全规则》（JB/T 9010—1999）

D-1 起重相关机械 **D-1-7 吊索具**

吊钩报废标准

裂纹

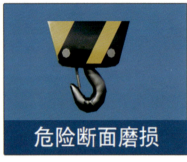
危险断面磨损

开口度增大

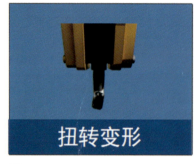
扭转变形

销轴磨损

说明：吊钩出现裂纹，即报废。

说明：危险断面磨损达原尺寸的10%，即报废。

说明：开口度比原尺寸增加15%，即报废。

说明：扭转变形超过10°，即报废。

说明：销轴磨损量超过其直径的5%，即报废。

其他：危险断面或吊钩颈部产生塑性变形等情况时应报废（注：吊钩上的缺陷不得进行焊补）。

参考标准：《起重吊钩 第3部分：锻造吊钩使用检查》（GB/T 10051.3—2010）
《建筑施工起重吊装安全技术规范》（JGJ 276—2012）

D-1 起重相关机械　　**D-1-7 吊索具**

钢丝绳固定要求

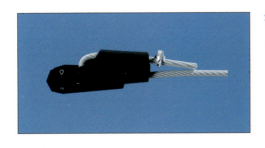

钢丝绳用楔形接头固定

说明：受力绳头应在楔套耳环一侧，保证受力钢丝绳与受力方向在一条直线上。

钢丝绳用绳夹固定

说明：夹座应在受力绳头的一边，严禁使用钢丝绳夹同时固定钢丝绳的自由端和受力端。

钢丝绳直径(mm)	<18	18~26	26~36	36~44
绳卡的数量(个)	3	4	5	6
绳卡压板应在钢丝绳长头一边；绳卡间距不应小于钢丝绳直径的6倍。				

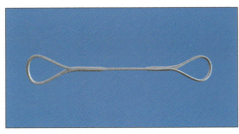

钢丝绳插编

说明：钢丝绳应选用GB/T 8918、GB/T 9944、GB/T 20067或GB/T 20118中规定的交互捻钢丝绳，但单股钢丝绳、异形股钢丝绳和多层股钢丝绳除外，并尽量避免选用金属芯钢丝绳。

钢丝绳插编长度不应低于钢丝绳直径的20~24倍，且不小于30 cm。

参考标准：《钢丝绳绳端　套管压制索具》（GB/T 30589—2014）

《钢丝绳夹》（GB/T 5976—2006）

《钢丝绳吊索　插编索扣》（GB/T 16271—2009）

D-1 起重相关机械　　**D-1-7 吊索具**

钢丝绳报废标准

股沟断丝	股顶断丝	绳股凹陷	断股	外部腐蚀	内部腐蚀

说明：在一个钢丝绳捻距(大约为6倍直径的长度)内出现两根或更多断丝，即可报废。

说明：对于绳端固定装置处的断丝出现两根或以上，即可报废。

说明：与绳股凹陷相关的直径有明显的局部减小，即可报废。

说明：如果钢丝绳发生整股断裂，则应立即报废。

说明：钢丝表面出现重度凹痕以及钢丝松弛，即可报废。

说明：发生明显可见的内部锈蚀迹象——腐蚀碎屑从外层绳股之间的股沟溢出，即可报废。

笼状畸形

钢丝突出

绳径局部增大

扭结（正向）

扭结（反向）

扭结

说明：出现篮形或笼状畸形的钢丝绳应立即报废。

说明：发生钢丝突出的钢丝绳应立即报废。

说明：钢芯钢丝绳直径增大5%及以上，纤维芯钢丝绳直径增大10%及以上，应考虑报废钢丝绳。

说明：发生扭结的钢丝绳应立即报废。

说明：发生扭结的钢丝绳应立即报废。

说明：发生扭结的钢丝绳应立即报废。

参考标准：《防止电力建设工程施工安全事故三十项重点要求》（国能发安全〔2022〕55号）

《起重机　钢丝绳　保养、维护、检验和报废》（GB/T 5972—2023）

D-1 起重相关机械　　**D-1-7 吊索具**

钢丝绳报废标准

| 绳芯突出 | 绳芯突出 | 绳股突出或扭曲 | 波浪形 | 局部扁平（弯曲型） | 局部扁平（平直型） |

说明：单层钢丝绳的绳芯突出，即可报废。

说明：阻旋转钢丝绳的内层绳芯突出，即可报废。

说明：发生绳股突出的钢丝绳应立即报废。

说明：根据直尺和螺旋面下侧之间的间隙结合标准判定是否报废。

说明：钢丝绳的扁平区段经过滑轮时，可能会加速劣化并出现断丝。在这种情况下，根据压扁的程度，来考虑是否可报废钢丝绳。

其他：除上述示例外，因断丝、直径减小、腐蚀、畸形和损伤可判定为报废的情形（结合标准）。

参考标准：《防止电力建设工程施工安全事故三十项重点要求》（国能发安全〔2022〕55号）
《起重机　钢丝绳　保养、维护、检验和报废》（GB/T 5972—2023）

中广核工程有限公司

D-1 起重相关机械   D-1-7 吊索具

吊装带

要　求： 不同颜色的吊带的极限载重不同。

吊带需保持良好的清洁状态，存放在专用架上。

禁止使用存在割口、承载芯裸露、损伤或变形、出现死结等缺陷的吊带。

吊装带标识内容

垂直提升时的极限工作荷载。

吊装带的材料，如聚酯、聚酰胺和聚丙烯。

端配件等级。

名义长度，单位：m。

制造商名称、标志、商标或其他明确的标识。

可查询记录(编码)。

执行的标准号。

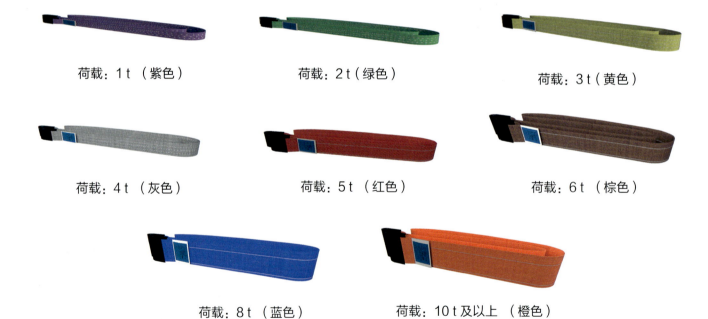

荷载：1 t（紫色）　　　荷载：2 t（绿色）　　　荷载：3 t（黄色）

荷载：4 t（灰色）　　　荷载：5 t（红色）　　　荷载：6 t（棕色）

荷载：8 t（蓝色）　　　荷载：10 t 及以上（橙色）

参考标准：《编织吊索 安全性 第2部分：一般用途合成纤维圆形吊装带》（JB/T 8521.2—2007）

Clean

Clean Energy
一个清洁能源产业集团

Green

Green Power
一个绿色持续电力系统

Nature

Nature Sustainability
一种自然共生发展模式

D-2 土石方/运输机械　　D-2-1 挖掘机

① 灯光

功能：夜间作业时可提供有效照明，提高夜

间作业安全。

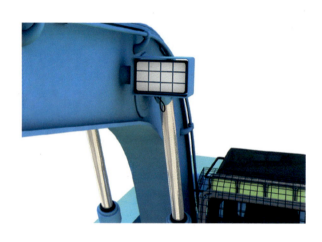

② 防护网

功能：保护挖掘机驾驶室。分为前防护网、顶防护网，

可以有效防止落石与飞溅物的撞击。

③ 尾部摄像头

功能：在挖掘机后方加装摄像头，可有效消除挖掘

机后方盲区，帮助驾驶员更直观、更安全地

进行作业。

① 灯光

① 灯光

③ 尾部摄像头

② 防护网

D-2 土石方/运输机械　　D-2-2 装载机

① **紧急逃生窗**

功能：在发生危急情况时，可以帮助驾驶人员紧急逃生，同时也是消防队员救援的重要通道。

② **保护顶**

功能：保护驾驶员头部的装置，可以有效防止驾驶员在倒车时碰到堆垛物而受伤。

③ **倒车警报**

功能：通过发出高分贝的"倒车请注意"提示音及闪烁的灯光，警示在后方视野盲区的车辆和人员注意安全。

① 紧急逃生窗

② 保护顶

③ 倒车警报

D-2 土石方/运输机械　　D-2-3 自卸汽车

① **360度全景摄像头**

功能：通过车辆两侧以及后方加装的摄像头，消除车辆周围的盲区（注：进入现场的车辆都应安装摄像头）。

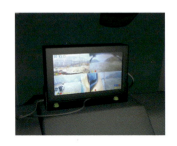

② **行车记录仪**

功能：能够记录汽车行驶全过程的视频图像和声音，可为交通事故提供证据（注：进入现场的车辆都应安装行车记录仪）。

③ **防尘覆盖装置**

功能：车斗上方装设自动防尘覆盖装置，通过滑轮、滑道及电机控制自动打开和覆盖。

④ **举升限位阀**

功能：限制车斗升降装置的高度和速度。

⑤ **防撞护栏**

功能：发生碰撞事故时，利用护栏立柱、横梁的变形来吸收碰撞能量。

D-2 土石方/运输机械　　**D-2-3 自卸汽车**

② 行车记录仪

③ 防尘覆盖装置

① 360度全景摄像头

④ 举升限位阀

⑤ 防撞护栏

D-2 土石方/运输机械　D-2-4 强夯机械

防护网

要求：强夯机操作室外侧设置有效防护网，防护网应将整个观察窗覆盖，并固定于观察窗上。

D-3 桩工机械　　**D-3-1 静力压桩机**

要　　求：静力压桩机的工作场地必须平整，地基基础应按施工组织设计要求进行处理，平均地基承载力必须符合该压桩机说明书的要求。

静力压桩机适用于软土、填土及一般黏性土层，但不宜用于地下有较多孤石、障碍物或有厚度大于 2 m 的中密以上砂夹层的情况，以及单桩承载力超过 1 600 kN 的情况。

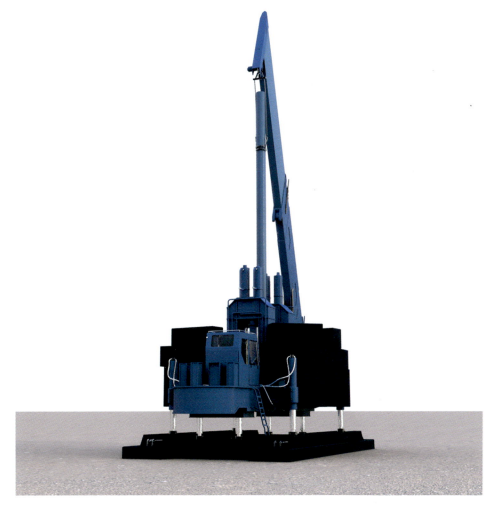

参考标准：《建筑机械使用安全技术规程》（JGJ 33—2012）

中广核工程有限公司

D-3 桩工机械　　**D-3-2 冲孔桩机**

① **垫板**

要求：当地基松软、承载力不足时，应加铺枕木或

钢板垫护。

② ③ ④ **防倾覆措施**

要求：桩机须设置斜撑杆②或缆风绳③防倾覆措施，宜设置紧急停车装置④。紧

急停车装置④在桩机倾斜时，可实现自动断电，使桩机停止运行。

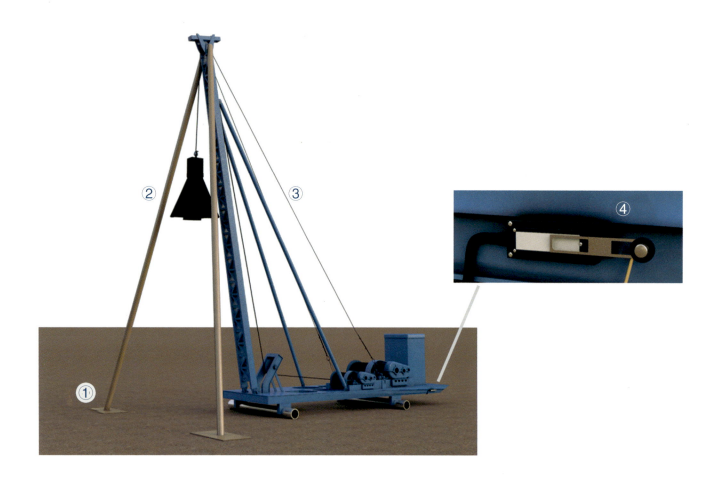

D-4 混凝土机械

混凝土罐车倒车止挡器

说明：利用钢筋废料及钢板制作，具体尺寸根据实际需求制作加工。

移动式泵车接料斗

说明：防止混凝土遗撒，采用1 mm钢板制作，具体尺寸可根据需求调整。

中广核工程有限公司

D-4 混凝土机械

泵管转弯固定及防爆裂

① 平管支座

要求：泵管平管支座由混凝土支座、固定泵管件组成，固定泵管件用U型环或马鞍卡制作。

② 防爆裂保护套

要求：在泵管弯管处和人员密集的直段增加防爆裂保护套。

③ 泵管走道

要求：泵管经过人员通行的位置设置泵管走道，可以定制成品预制走道，也可自制定型化走道。

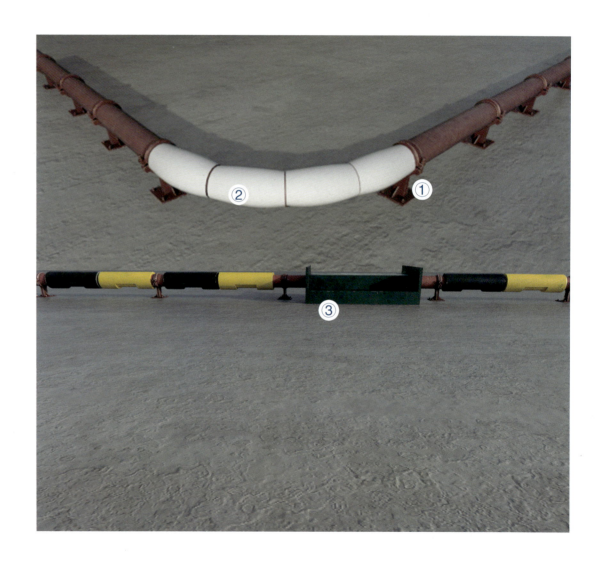

D-5 木工机械　　**D-5-1 带锯机**

① 锯轮防护

要求：上锯轮处于任何位置，防护罩均应能
罩住锯轮3/4以上表面。

② 锯齿固定式防护罩

要求：切削边的锯齿防护罩应保证非工作锯
齿不外露。可采用固定式防护罩，将
不参加工作的锯条封闭起来。

③ 锯齿活动式防护罩

要求：非工作状态时，锯齿需要设防护罩。

参考标准：《木工机械　安全使用要求》（AQ 7005—2008）

D-5 木工机械　　**D-5-2 圆盘锯**

① 靠山

要求：锯片侧面安装可调式"靠山"，保

证送料平稳，防止锯线走偏。

② 防护罩

要求：锯片上方必须安装防护罩。

③ 弧形楔刀

要求：在锯片后面，离齿10～15 mm处，

必须安装弧形楔刀。

D-6 金属加工机械　　D-6-1 钢筋调直、切断机

防护罩

要求：钢筋张拉施工时，为防止钢筋在甩动过程中伤人，应在钢筋张拉区域设置防护罩或防护网。

防护罩

参考标准：《施工现场机械设备检查技术规范》（JGJ 160—2016）

D-6 金属加工机械　　D-6-2 钢筋弯曲机

要　求：芯轴和成型轴、挡铁轴的规格与加工钢筋的直径和弯曲半径应相适应，芯轴直径应为钢筋直径的2.5倍；

挡铁轴应有轴套。

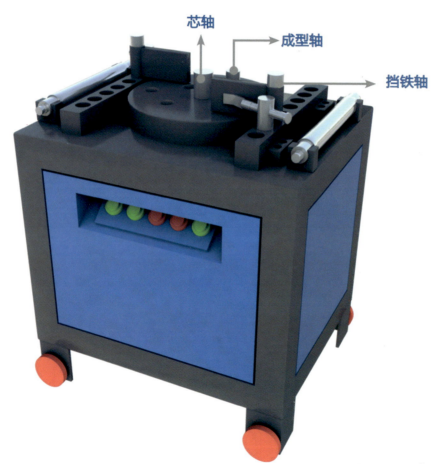

参考标准：《施工现场机械设备检查技术规范》（JGJ 160—2016）

D-6 金属加工机械   D-6-3 剪板机

固定式安全防护挡板

要求：安装至剪板机送料口前，避免操作过程中手指误伸入，安拆方便，可长期固定在剪板设备上。

100 mm

底部距操作平台间隙＜20 mm

2 400 mm

参考标准：《剪板机　安全技术要求》（GB 28240—2012）

D-6 金属加工机械　　　D-6-4 卷板机

防卷手措施

要求：在卷板机操作面增加一根固定轴，在轴上安装两个滑动挡板，根据卷板宽度可随意左右调整，挡住操作者手不能进入压辊，避免手被伤害。为了醒目，将滑动挡板用黄色油漆涂刷，以确保操作者安全。

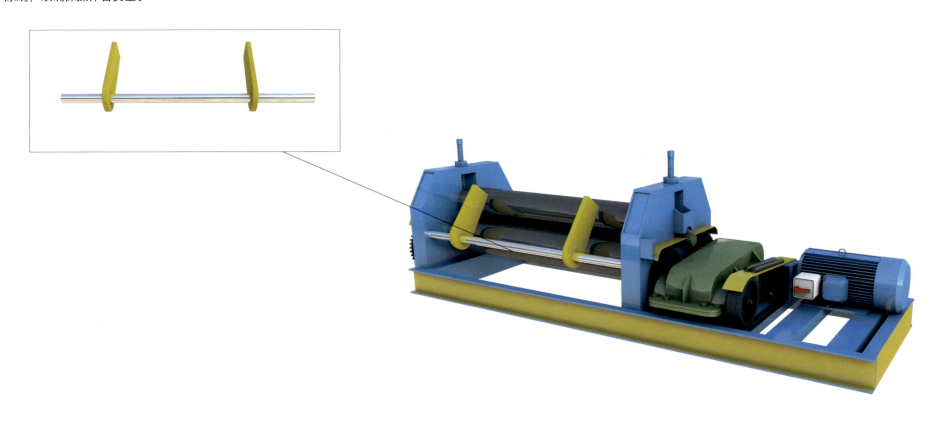

参考标准：《剪板机　安全技术要求》（GB 28240—2012）

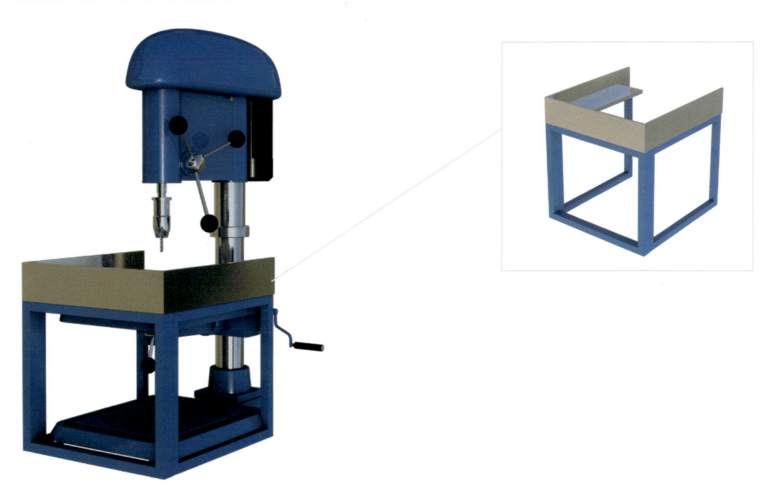

D-6 金属加工机械　　　D-6-5 小型台钻

飞屑止挡装置

要求：利用角钢、不锈钢板设计飞屑止挡装置，大小可根据实际需求制作，有效防止碎屑飞溅伤人及废料遗撒。

D-7 焊接设备　　D-7-1 电焊机

① 一次线

要求：交流弧焊机变压器的一次侧电源线长度不应大于5 m。其电源进线处必须设置防护罩。

② 电焊机防护

要求：电焊机应放置在防雨、干燥和通风良好的地方。室外使用电焊机时，可设置防护棚②。

③ 电焊机接线柱

要求：电焊机进出线的接线柱应设有防护罩。

④ 二次线

要求：应采用防水橡皮护套铜芯软电缆。

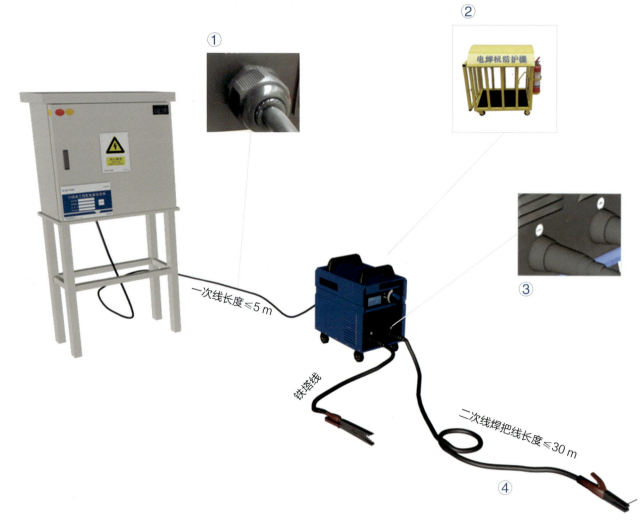

一次线长度≤5 m

铁搭线

二次线焊把线长度≤30 m

参考标准 《施工现场机械设备检查技术规范》（JGJ 160—2016）
《建筑与市政工程施工现场临时用电安全技术标准》（JGJ/T 46—2024）

D-7 焊接设备　　**D-7-2 气瓶相关装置**

气瓶存放架

要求：采用弧形设计，上下双链保护，既保证气瓶竖直放置，又能紧贴瓶身，防止晃动。尺寸需要结合气瓶的实际尺寸进行制作。

气瓶吊笼

要求：气瓶吊笼需要根据悬吊气瓶的数量和尺寸实际进行制作，应悬挂警示标牌（禁止烟火）和安全责任牌。

参考标准：《气瓶搬运、装卸、储存和使用安全规定》（GB/T 34525—2017）

D-7 焊接设备 **D-7-2 气瓶相关装置**

气瓶运输小车

要求：采用防倾倒三角稳定结构设计，带防坠落绑扎设施，在气瓶运送过程中进行捆绑，减少人工搬运，保障气瓶运输安全。蓝色气瓶手推车搬运氧气、氩气及二氧化碳气瓶，

白色气瓶手推车搬运乙炔，并设置防晒罩。如上下楼搬运可将推车轮按需进行改装。

| 样式一 | 样式二 | 样式三 | 样式四 |

参考标准：《气瓶搬运、装卸、储存和使用安全规定》（GB/T 34525—2017）

D-7 焊接设备 | **D-7-2 气瓶相关装置**

气瓶附属防护装置

回火防止器

要求：选用全铜铸造，防止焊割作业时可燃气体、杂质突然回流。

管线卡箍

要求：固定气管。

回火防止器

管线卡箍

管道防甩脱装置

要求：采用高压软管防脱链加固防护，防止管道在现场施工过程中意外脱落造成人员受伤。

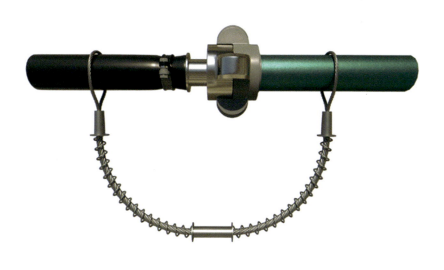

参考标准 ：《建设工程施工现场消防安全技术规范》（GB 50720—2011 ）

《气瓶搬运、装卸、储存和使用安全规定》（GB/T 34525—2017 ）

D-7 焊接设备　　**D-7-2 气瓶相关装置**

橡胶软管

要求：应根据不同气体的类型选择相应颜色的软管，软管外覆层应至少每隔1 000 mm连续、牢固标注如下内容：

1. 标准代号，GB/T 2550。

2. 焊剂（仅适用焊剂燃气软管）。

3. 最大工作压力，MPa。

4. 公称内径。

5. 制造商或供应商的标志（如：XYZ）。

6. 制造年份。

参考标准：《气体焊接设备　焊接、切割和类似作业用橡胶软管》（GB/T 2550—2016）

D-7 焊接设备　　**D-7-3 集中供气**

说　明：在临建车间和现场区域布设集中供气装置（杜瓦罐型）。杜瓦罐采用标准中压LGC不锈钢贮罐(175 L)，杜瓦罐作为一种低温绝热压力容器，主要用于储存和运输液氩，并能自动提供连续的气体。

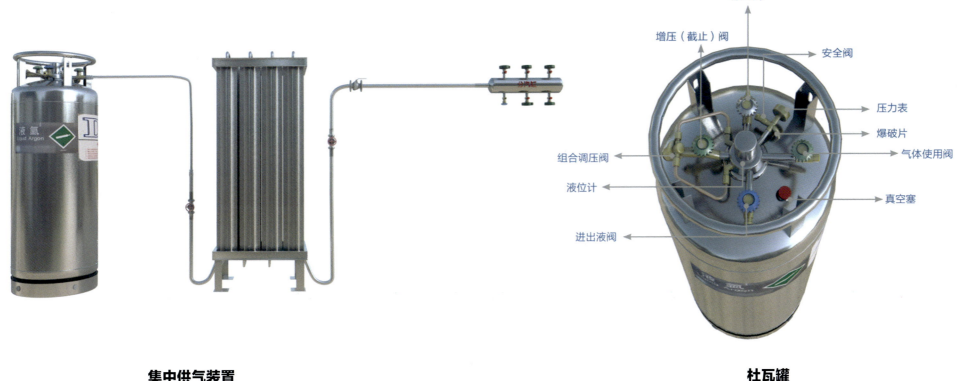

集中供气装置　　　　　　　　　　　　　　　　　　　　**杜瓦罐**

参考标准：《工业金属管道设计规范（2008版）》（GB 50316—2000）
《现场设备、工业管道焊接工程施工规范》（GB 50236—2011）
《城镇燃气设计规范（2020版）》（GB 50028—2006）

D-8 临时用电   D-8-1 变压器房

① 围栏及警示标识

要求：露天或半露天布置的变压器四周应设置不低于

1.7 m的固定围栏或围墙，并悬挂警示标识。

② 变压器安装

要求：变压器在地面安装时，应装设在不低于0.5 m的

高台上。

③ 检修通道

要求：变压器或箱式变电站外廓与围栏或围墙周围应

留有不小于1 m的巡视或检修通道。

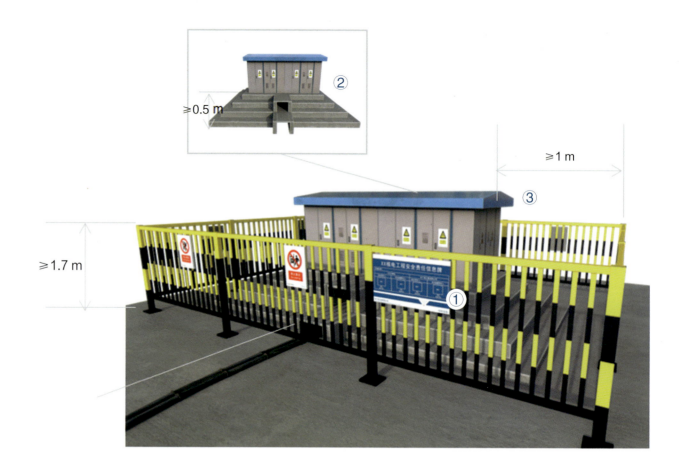

参考标准：《建设工程施工现场供用电安全规范》（GB 50194—2014）

D-8 临时用电　　**D-8-2 配电箱及开关箱**

施工现场三级配电系统

要求：施工现场必须采取TN-S系统，符合"三级配电、两级保护"，达到"一机一闸一漏"的要求。

配电箱应上锁，钥匙由专业电工保管，箱外张贴配电箱信息牌、警示标识、检查标签。

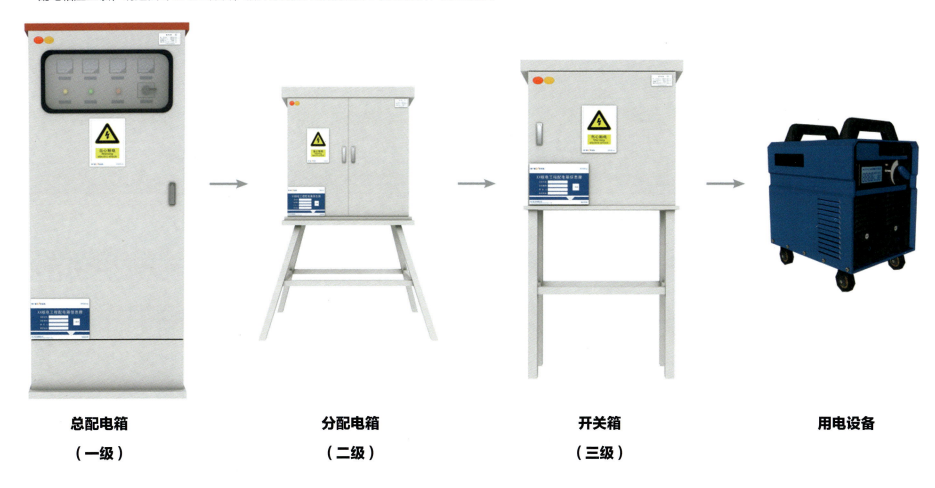

总配电箱	**分配电箱**	**开关箱**	**用电设备**
（一级）	**（二级）**	**（三级）**	

D-8 临时用电　　　　**D-8-2 配电箱及开关箱**

总配电箱内配置示例

① 箱体电气连接

要求：金属箱门与金属箱体必须采用编织软铜线做电气连接。

② 系统电路图

要求：应有名称、用途、分路标记及系统接线图。

③ N线端子板

要求：N 线端子板应与金属电器安装板绝缘，进出线中的 N 线应通过 N 线端子板连接。

④ 仪表设置

要求：总配电箱应装设电压表、总电流表、电度表及其他需要的仪表。

⑤ 总隔离开关

要求：当总路设置总漏电保护器时，还应装设总隔离开关。隔离开关应设置于电源进线端，应采用分断时具有可见分断点，并能同时断开电源所有极的隔离电器。如采用分断时具有可见分断点的断路器，可不另设隔离开关。

⑥ 总漏电断路器

要求：当所设总漏电断路器同时具备短路、过载、漏电保护功能时，可不设总断路器或总熔断器。

⑦ 分路隔离开关

要求：应采用分断时具有可见分断点，并能同时断开电源所有极的隔离电器。如采用分断时具有可见分断点的断路器，可不另设隔离开关。

⑧ 分路漏电断路器

要求：漏电断路器同时具备短路、过载、漏电保护功能时，可不设分路断路器或分路熔断器。

⑨ PE 线端子板

要求：应与金属电器安装板做电气连接，进出线PE线应通过 PE 线端子板连接。

⑩ 标识与标签

要求：在配电箱的开关和线路上应设置具体的标识和标签。

说明：本书展示的配电箱内配置仅作为示例，现场配电箱内配置应符合JGJ 46—2005 相关技术标准。

参考标准：《建筑与市政工程施工现场临时用电安全技术标准》（JGJ/T 46—2024）

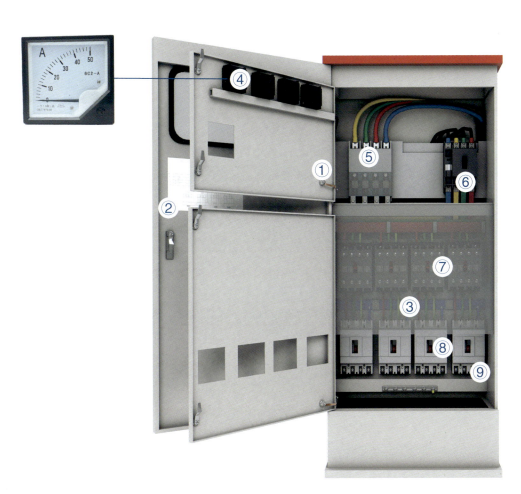

D-8 临时用电　　**D-8-2 配电箱及开关箱**

分配电箱线路示例

① N线端子板

要求：N线端子板应与金属电器安装板绝缘，进出线中的N线应通过 N 线端子板连接。

② 系统电路图

要求：应有名称、用途、分路标记及系统接线图。

③ 总隔离断路器

要求：分配电箱应装设总隔离开关、总断路器或总熔断器。当总路设置总漏电保护器时，还应装设总隔离开关、分路隔离开关。如采用分断时具有可见分断点的断路器，可不另设隔离开关。

④ 分路隔离断路器

要求：当各分路设置分路漏电保护器时，还应装设总隔离开关、分路隔离开关以及总断路器、分路断路器或总熔断器、分路熔断器。如采用分断时具有可见分断点的断路器，可不另设隔离开关。

⑤ 分路漏电保护器

要求：当分路所设漏电保护器是同时具备短路、过载、漏电保护功能的漏电断路器时，可不设分路断路器或分路熔断器。

⑥ 箱体电气连接

要求：金属箱门与金属箱体必须通过采用编织软铜线做电气连接。

⑦ PE线端子板

要求：应与金属电器安装板做电气连接，进出线PE线应通过 PE 线端子板连接。

⑧ 标识与标签

要求：在配电箱的开关和线路上应设置具体的标识和标签。

说明：本书展示的配电箱内配置仅作为示例，现场配电箱内配置应符合《施工现场临时用电安全技术规范》（JGJ 46—2005）相关技术标准。

参考标准：《建筑与市政工程施工现场临时用电安全技术标准》（JGJ/T 46—2024）

D-8 临时用电　　**D-8-2 配电箱及开关箱**

开关配电箱线路示例

① 隔离开关

要求：开关箱必须装设隔离开关、断路器或熔断器。隔离开关应采用分断时

具有可见分断点，能同时断开电源所有极的隔离电器，并应设置于电

源进线端。当断路器具有可见分断点时，可不另设隔离开关。

② 漏电保护器

要求：当漏电保护器同时具有短路、过载、漏电保护功能时，可不

装设断路器或熔断器。

③ PE 线端子板

要求：应与金属电器安装板做电气连接，进出线PE线应通过PE线

端子板连接。

④ 分路漏电保护器

要求：N 线端子板应与金属电器安装板绝缘，进出线中的 N 线应通过 N 线端子

板连接。

⑤ 系统电路图

要求：应有名称、用途、分路标记及系统接线图。

⑥ 箱体电气连接

要求：金属箱门与金属箱体必须采用编织软铜线做电气连接。

⑦ 标识与标签

要求：在配电箱的开关和线路上应设置具体的标识和标签。

说明：本书展示的配电箱内配置仅作为示例，现场应符合相关技术标准。

参考标准：《建筑与市政工程施工现场临时用电安全技术标准》（JGJ/T 46—2024）

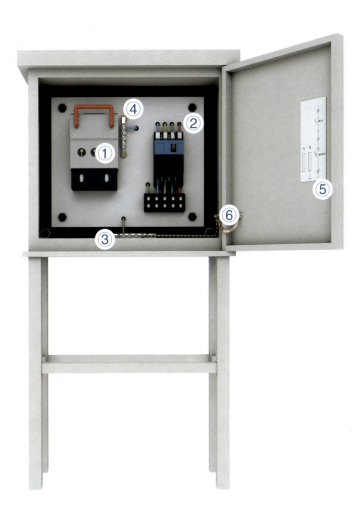

D-8 临时用电　　**D-8-2 配电箱及开关箱**

配电箱防护棚

① 设置范围

要求：一级配电箱必须设置防护棚。

② 防雨措施

要求：防护棚上层有防雨措施，并设不小于5%坡度

的排水坡。

③ 标志标牌

要求：防护棚正面应悬挂操作规程牌、警示牌、责

任人姓名和电话。

④ 消防措施

要求：防护棚外应放置干粉灭火器。

D-8 临时用电　　**D-8-3 电缆防护**

电缆沟、槽、桥架

要求： 施工现场宜使用电缆沟、电缆槽、电缆桥架敷设电缆。

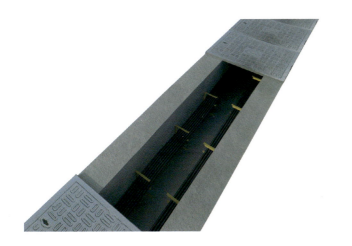

电缆沟

电缆槽

电缆桥架

参考标准：《建筑与市政工程施工现场临时用电安全技术标准》（JGJ/T 46—2024）

D-8 临时用电　　**D-8-3 电缆防护**

埋地电缆

要求：电缆直接埋地敷设深度不应小于0.7 m，周围均匀敷设不小于50 mm的细砂。

≥0.7 m

≥50 mm

回填土

硬质保护层

上下左右周围均匀敷设
不小于50 mm的细砂

防护套管

要求：埋地电缆在穿越建筑物、构筑物、道路、易受机械损伤、介质腐蚀场所，以及引出地面从2.0 m高到地下0.2 m处，必须加设防护套管，防护套管内径不应小于电缆外径的1.5倍。

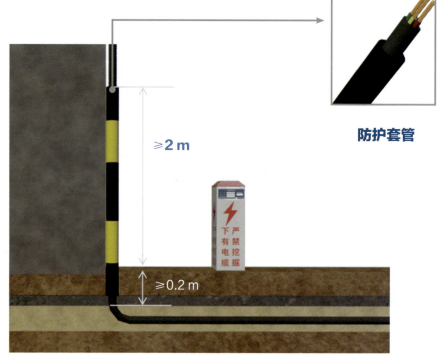

≥2 m

≥0.2 m

防护套管

参考标准：《建筑与市政工程施工现场临时用电安全技术标准》（JGJ/T 46—2024）

中广核工程有限公司

D-8 临时用电　　　**D-8-3 电缆防护**

临时架空电缆

沿围栏架设

要求：沿着围栏架设时电缆必须使用绝缘挂钩固定。

严禁使用金属导线捆扎固定电缆。

临时支撑

要求：无围栏处可采用绝缘支撑进行电缆线支设。

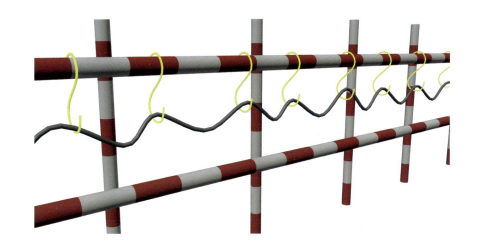

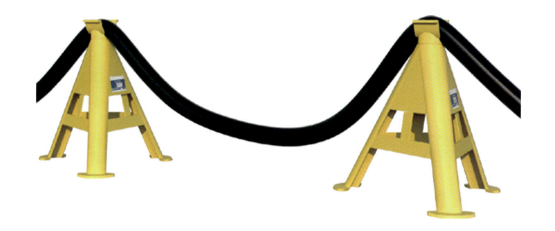

参考标准：《建筑与市政工程施工现场临时用电安全技术标准》（JGJ/T 46—2024）

D-9 手持工具   **D-9-1 电钻、冲击钻**

防尘装置

要求：采用收口设计的硅胶可收缩防尘罩，可与电钻、冲击钻紧

密连接，不论是棚顶上的孔还是墙面上的孔，都能对电

钻、冲击钻产生的粉尘进行有效吸附、收集。

防尘装置

D-9 手持工具　　**D-9-2 角向磨光机**

① **砂轮片线速度标识**

要求：砂轮片应选用增强纤维树脂型，安全线速度不

得小于80 m/s。

② **防护罩1/3刻度线标识**

要求：在角向磨光机的防护罩上标识1/3刻度线。

③ **砂轮片1/3刻度线标识**

要求：采购砂轮片自带清晰可见1/3刻度线，打磨到

此位置时禁止使用。

④ **安全把手**

要求：角向磨光机必须安装安全把手。

D-10 机械安全防护装置

无凸起部分的传动轴

要求：一般通过在光轴暴露部分安装一个松散的，与轴具有12 mm净距的护套来进行防护，护套和轴可以相互滑动；护套沿轴向被分成两个部分，将其覆盖在轴上，可用卡子将两部分联结牢固。

有凸起部分的传动轴

要求：应用固定式防护罩进行全面封闭，注意：除联轴器外，进出轴也需要封闭。

对旋式托辊的防护

要求：对旋式机械主要做好挤压部位的防护，一般采用钳型防护罩进行防护。

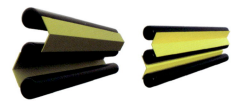

参考标准：《机械安全　安全防护的实施准则》（GB/T 30574—2021）

D-10 机械安全防护装置

对牵引辊的防护

要求：牵引辊主要做好进料口防护，安装钳型条，通过钳型条上的开口送料，可减少人员受伤风险。

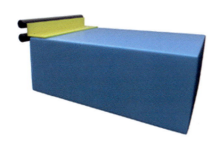

砂轮机的防护

要求：无论是手持式还是固定式，除了磨削区域，其他区域均应密闭防护。防护罩上标明砂轮旋转方向。使用时，操作人员不应站在砂轮切线运动方向。

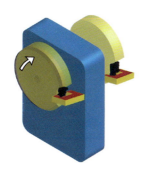

齿轮防护

要求：齿轮传动机构必须设置全封闭的防护装置，可用钢板或铸造箱体，必须安装牢固，壳体不应有尖角和锐利部分，防护罩内壁涂红色，装设安全联锁装置。注意输入轴和输出轴也需要防护。

旋转有辐轮的防护

要求：手动盘车等用的手轮一般都有辐条，因误动作或机器突然启动，极易使人受到伤害。一般采用金属盘覆盖辐条、轮下加弹簧离合器的方式防护。

参考标准：《机械安全 安全防护的实施准则》（GB/T 30574—2021）

E-1 动火作业   **E-1-1 动火作业安全管理**

动火准备

动火许可：动火作业人员应按照动火级别办理"动火作业许可证"，并按许可证的要求落实各项安全措施。

排空介质：在带有易燃可燃、有毒有害介质的容器、设备和管线上动火，必须清理干净介质。

清理可燃物：动火作业周围10 m范围内应无可燃、易燃物，若无法避免，应采用不燃材料对其覆盖或隔离。

动火实施

落实防护措施：动火作业应建立控制区，不得妨碍附近作业或过往人员。已投用消防报警系统的区域、对焊烟敏感等室内区域，应设置全封闭烟尘隔离棚，上部使用透明板材以满足光线和防火要求，底部安装空气过滤风机。

室外动火

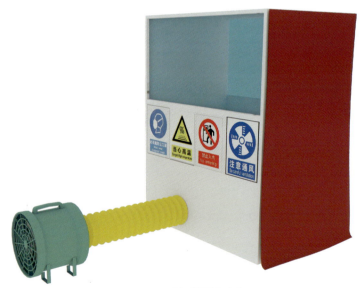

敏感区域动火

动火实施

高处动火

高处动火作业应采取防火布（禁止使用绿色，宜使用橙色）或接火盘等设施防止火花溅落，推荐采用全封闭兜火（"六面防火"）措施。

登高梯动火防护

切割打磨作业使用顶部防护，焊接可选择底部或顶部防护。

移动升降车防火

防火布围绕升降车防护笼外侧缠绕一圈，开口位置设在人员进出位置。

脚手架防火

作业平台使用防火布铺满，防止火花掉落，脚手架平台防火布在护栏内侧。

底部防护　　　　顶部防护

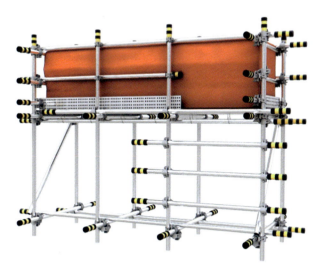

E-1 动火作业　　**E-1-1 动火作业安全管理**

动火实施

动火监护

动火作业须设监火人，在集中作业区域（10 m范围内）或焊接车间等固定动火点内至少配备一名监火人员流动检查，而在非集中作业区域每个动火作业点均应配置一名监火人员。

动火结束

动火作业结束后，应由动火人、监火人共同负责清理现场、消除残火，30分钟后确认无火险方能离开。

配备消防设施

动火作业点附近5 m范围配备灭火器，灭火器等级、数量不低于GB 50720相关要求。

焊接、切割作业

气瓶不得置于受阳光暴晒、热源辐射及可能受到电击的地方。

尽量采用等离子切割代替氧气、乙炔切割作业。

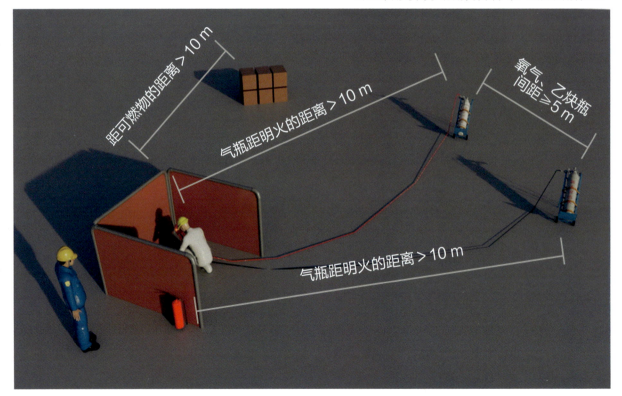

E-1 动火作业　　**E-1-2 集中动火点**

基本要求

集中动火区不得设置在易燃易爆场所，室内设置的动火区应与其他区域隔离。

动火区域应设置通风设施，配备消防器材。

集中动火点应设置作业区，张贴安全警示标识。

焊接工位

焊接工位配备钢格栅底排或可移动式便携接火盆。

工位安装排烟除尘系统或设置焊烟净化器。

钢格栅底排

E-2 有限空间作业　　　**E-2-1 安全标识**

设置要求： 在有限空间出入口醒目位置设置安全警示标志和安全风险告知牌。

安全风险告知牌示例

E-2 有限空间作业   E-2-2 作业前准备

① 作业许可

有限空间作业前必须进行作业审批。

② 作业前检测

严格遵守"先通风、再检测、后作业"要求，作业前应对有限空间进行通风、测温，对于存在中毒、缺氧窒息和气体燃爆风险的场所，应检测合格后才能入内。

③ 隔离、清除、置换

作业前应对隔离、清除、置换等风险管控措施逐项进行检查。

参考标准：《工贸企业有限空间作业安全规定》（应急管理部令第13号）
《有限空间作业安全指导手册》（应急厅函〔2020〕299号）

E-2 有限空间作业   E-2-3 作业过程管理

① 实时监测

作业过程中，应采取适当的方式对有限空间作业面进行实时监测。监测方式有两种：一种是监护人员在有限空间外使用泵吸式气体检测报警仪对作业面进行监护检测；另一种是作业人员自行佩戴便携式气体检测报警仪对作业面进行个体检测。

② 作业监护

监护人应佩戴监护员袖章（参考本书A-3）。

监护人应当全程进行监护，与作业人员保持实时联络，不得离开作业现场或者进入有限空间参与作业。

发现异常情况时，监护人应当立即组织作业人员撤离现场。

警告并劝离未经许可试图进入有限空间作业区域的人员。

③ 持续通风

有限空间应采用机械通风，风机应与风管相连，将洁净空气有效送至作业面。

易燃易爆环境应使用防爆风机。

人员、设备清点

有限空间作业完成后，作业人员应将全部设备和工具带离有限空间，清点人员和设备，确保有限空间内无人员和设备遗留后，关闭进出口。

恢复现场

解除当次作业前采取的隔离、封闭措施，恢复现场，确保环境安全后撤离作业现场。

参考标准：《工贸企业有限空间作业安全规定》（应急管理部令第13号）
《有限空间作业安全指导手册》（应急厅函〔2020〕299号）

E-2 有限空间作业　　　**E-2-5 应急救援**

应急救援物资配备

作业现场应配备与作业环境危险有害因素相适应的气体检测报警仪、机械通风设备、呼吸防护用品、安全绳索等安全防护设备和应急救援装备。

安全防护设备和应急救援装备应当能够正常使用，气瓶、气体检测报警仪应当定期检验、检定或校准。

| 安全帽 | 全身式安全带 | 安全绳 | 气体检测报警仪 | 大功率机械通风设备 | 照明工具 |
| 三脚架救援系统（垂直方向） | 侧边进入系统（水平方向） | 便携式吊杆系统（水平/垂直方向） | 通信设备 | 正压式空气呼吸器 | 高压送风式长管呼吸器 |

参考标准：《工贸企业有限空间作业安全规定》（应急管理部令第13号）
《有限空间作业安全指导手册》（应急厅函〔2020〕299号）

Clean

Clean Energy
一个清洁能源产业集团

Green

Green Power
一个绿色持续电力系统

Nature

Nature Sustainability
一种自然共生发展模式

E-3 起重作业　　　　**E-3-1 流动式起重机**

基本要求：起重机应在平坦坚实的地面上作业、行走和停放，应符合起重时的受力要求。

大型履带吊塔式工况倾斜度应符合设备说明书的要求，一般不大于5%（约0.3°），部分设备可能为10%。

汽车式起重机作业前，吊支腿应全伸。特殊情况无法全伸的，可按半伸支腿的性能表来执行。

起重作业时，作业人员应站在安全区域内，远离危险区域，如：吊钩下方、起重物品附近或者机械设备的运动轨迹上。

作业过程遵守"十不吊"管理要求和公司关于起重作业管理相关程序。

开始起吊时，应先对吊物进行试吊，确认无误后，方可继续起吊。

起重作业涉及交叉作业的需要办理介入手续，特殊作业应办理作业许可。

E-3 起重作业　　E-3-1 流动式起重机

① 作业许可

流动起重机支腿与基坑边缘、边坡坡顶、桩孔边的距离，应根据设备重量、支扩结构、土质情况按设计要求进行确定，最小不宜小于 1.5 m；且离沟坑的距离一般应不小于坑深的1.2倍，达不到要求的，应另行采取措施。

② 与架空线路安全距离

在外电架空线路附近吊装时，起重机的任何部位或被吊物边缘在最大偏斜时与架空线路边线的最小安全距离应符合表格中的规定。

电压（kV） 安全距离（m）	<1	10	35	110	220	330	500
沿垂直方向	1.5	3.0	4.0	5.0	6.0	7.0	8.5
沿水平方向	1.5	2.0	3.5	4.0	6.0	7.0	8.5

③ 支腿插销

流动起重机支腿打开后应插入支腿插销。

④ 吊物夹角

吊挂绳索与被吊物的水平夹角宜为45°~60°，且不得小于30°。

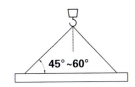

⑤ 垫板设置

汽车起重机应选用枕木或钢板衬垫在液压支腿脚部正下方，不得悬空。

汽车吊垫板放置在坚实平整的地面上，支腿支撑在垫板上，垫板面积至少为支腿面积的3倍。

垫板材质使用轻巧不吸水、耐腐蚀的超高分子聚乙烯。

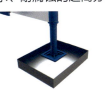

⑥ 牵引绳设置

吊物起吊前将牵引绳系挂在吊物上，吊运过程中司索工牵绳掌握操纵吊物方向以适应装卸目标，操作时牵引绳要保持拉紧，操纵的司索工要与吊物保持安全距离，根据安全作业需要调整吊物方向。

⑦ 警示区设置

起重作业应在作业区域设置警戒，并设立相应的作业信息牌及安全标志。

⑧ 作业监护

作业警戒区设监护人，佩戴明显标识，禁止无关人员进入作业区。

⑨ 起重指挥

起重指挥应佩戴鲜明的标志。

起重指挥应按规定的指挥信号进行指挥，其他作业人员应清楚吊装安全操作规程和指挥信号。

起重指挥与起重司机应采用"三段式"沟通，当直接沟通不畅时，应配备对讲机。

参考标准：《建筑施工起重吊装工程安全技术规范》（JGJ 276—2012）
《建筑施工易发事故防治安全标准》（JGJ/T 429—2018）

无溜尾吊耳容器绑扎

底部使用双圈穿套结索法绑扎。

细小钢管类绑扎

端头绑扎牢固；双圈穿套结索法绑扎。

支承组件绑扎

选用4根吊带，分别对吊点进行绑扎固定；吊带与支承绑扎部位垫衬垫。

专项设备绑扎

使用配套专用工具固定。

罐类容器绑扎

两绳圈距离符合方案要求，与重心距离相等。

料斗物料吊装绑扎

卸扣等小型物件放在料斗内部。

E-3 起重作业　　**E-3-2 吊物绑扎**

电缆柜吊装绑扎

选用两根吊带绳索绑扎。

选用封车带固定吊装绳索。

设备应绑扎固定牢靠，底部两侧增加垫布，做好软防护。

电缆盘吊装绑扎

绳索套在电缆盘凸出钢管部分。

棱角部分做好软防护。

检查吊装绳索固定牢靠。

选用2根吊带绳索固定。

参考标准：《建筑施工起重吊装工程安全技术规范》（JGJ 276—2012）
《建筑施工易发事故防治安全标准》（JGJ/T 429—2018）

E-3 起重作业　　**E-3-2 吊物绑扎**

钢筋吊装绑扎

吊索具围绕吊物应缠绕两圈。

使用链条起吊的，使用吊钩受力且钩口朝外侧。

使用钢丝绳或吊带起吊的，使用卸扣受力，卸扣不可偏心受载。

链条起吊

钢丝绳或吊带起吊

圆弧形钢筋　　　　L形钢筋

门形钢筋　　　　圆形钢筋

Z形钢筋　　　　口形钢筋

E-3 起重作业　　E-3-2 吊物绑扎

模板吊装绑扎

吊索应缠绕吊物两圈，使用卸扣或吊钩受力，禁止吊带打结使用。

吊物重心在吊物内部可使用两条吊索绑扎；吊物重心不在吊物内部的，使用三条吊索进行绑扎。

吊物绑扎须平稳，吊运过程中不得发生翻转。

吊物棱角位置使用垫布保护。

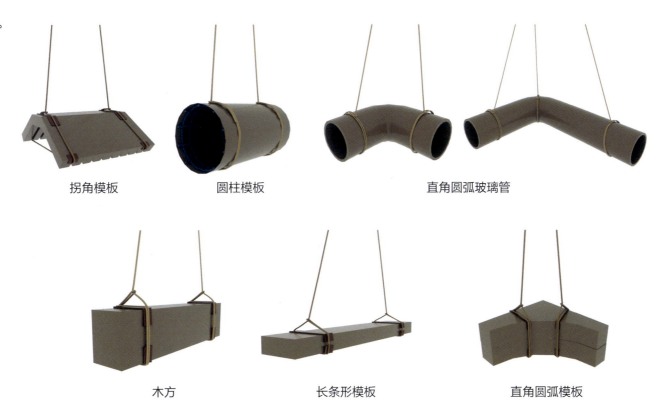

拐角模板　　　　圆柱模板　　　　直角圆弧玻璃管

木方　　　　长条形模板　　　　直角圆弧模板

参考标准：《建筑施工起重吊装工程安全技术规范》（JGJ 276—2012）

《建筑施工易发事故防治安全标准》（JGJ/T 429—2018）

E-4 挖掘机作业

基本要求： 所有土石方开挖作业必须办理"动土作业许可证"，如需阻断道路，还需办理"占道/断路施工作业许可证"。

在车辆、行人可能经过的路线点处设置明显警示标志和通行指引。

挖掘作业应自上而下分层、分段、均衡组织开挖，严禁掏挖。

临近电力管线、通信管线、架空管道等地下隐蔽工程时，一般不使用挖掘机作业，应采用人工挖掘方式，并设置专人监护。

有塌方、滑坡、深坑、触电等危险区域应设置防护栅栏或隔离带。

挖机进入基坑时应有防止机身下陷的措施。

靠近道路、人员密集等区域，挖掘机作业应建立控制区。

挖掘机作业或行走时，严禁任何人在伸臂及挖斗下面通过或逗留，严禁人员进入挖斗内，不得利用挖斗递送或吊装物件，严禁在挖掘机回转半径内进行各种辅助作业或平整场地。

① 坑边安全距离

挖掘机履带距基坑边缘、边坡坡顶、桩孔边的距离，应根据设备重量、支护结构、土质情况按设计要求进行确定，且不小于1.5 m。

② 人员站位

人员不得进入挖掘机旋转半径内。

③ 同平面挖掘

多台挖掘机同一平面作业，挖掘机之间距离大于挖臂长度2.5倍。

④ 上下挖掘

多层开挖时，上下挖掘机不得在同一垂直面上，应错开分段、均衡开挖。

⑤ 警示区设置

根据实际情况设置警示区或警示带。

⑥ 作业监护

作业现场监护人，佩戴明显标识，禁止无关人员进入作业区。

参考标准：《建筑施工土石方工程安全技术规范》（JGJ 180—2009）
《建筑施工易发事故防治安全标准》（JGJ/T 429—2018）

E-4 挖掘机作业

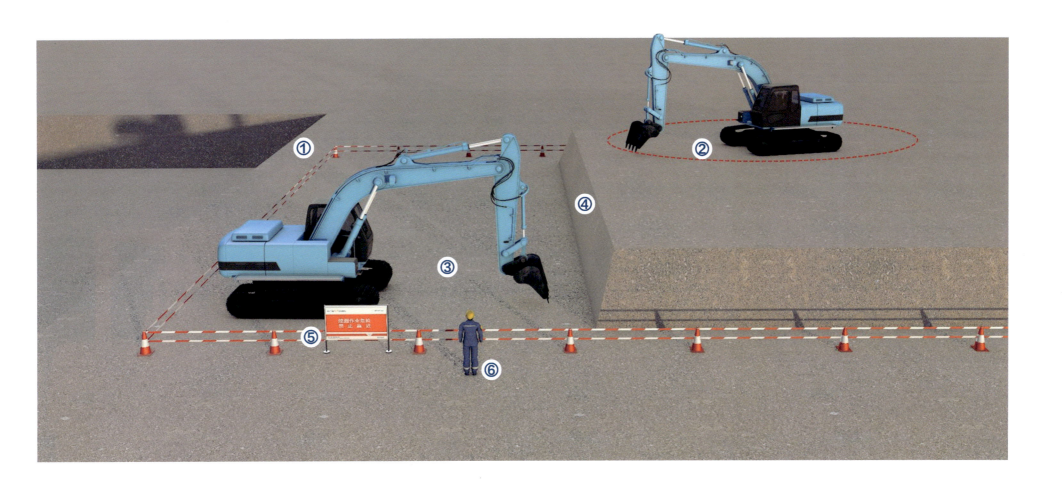

E-5 叉车作业

安全使用要求

司机证照：叉车驾驶员必须经过专业培训，取得特种作业操作证。

行驶要求：叉车启动前，确认叉车四周无人和障碍。

厂内道路叉车限速10 km/h，车间、库房区域限速5 km/h。

叉车应尽量避免停在斜坡上，如不可避免，须使用其他可靠物件塞住车轮并拉手刹；停放时应将货叉放到最低位置，拉紧后刹车，不能停放在纵坡大于5%的路段上。

禁止叉车在坡道拐弯或横跨坡道行驶，叉车载货下坡时，应倒退行驶。

叉车作业中司机必须使用安全带。

叉车原则上不得超车，在视线盲点、十字路口或其他危险地点不得超车。

货物运输：叉车载物高度不得超过驾驶员视线，特殊物品影响前行视线时应倒车低速行驶。

叉车运行时，不准任何人上下车，货叉上严禁站人。

载物应保持重心居中，叉运封闭式包装箱货时，应打开箱盖确认货物安全状态，防止不规则材料倾翻。

叉车行驶时，货叉底部距地面高度应保持300~400 mm，货物重量不得超过叉车额定起重量的90%。

当货物长度超过叉宽的两倍时，必须采用绑扎固定方式，运输高度超过1.5 m的货物时，必须绑扎固定。

禁止两台及以上叉车同时抬运同一物品。

运输过程中一旦发生倾翻，配合人员不得盲目去扶。

车辆行驶基本要求

禁止在上下坡道换挡。

禁止在下坡路段违规倒车。

交叉路口应停车观察后通行。

厂区内禁止违规超车。

土石方道路上下坡同一个方向同时只能有一辆大件运输车。

大件运输必须设置引导车并在运输路线上进行警戒，保证大件运输车辆与

四周人员和车辆的安全距离。

限速要求

硬化道路无坡道、转弯且开阔路段：最高限速为 40 km/h。

土质道路无坡道、转弯且开阔路段：小型机动车最高限速40 km/h，大型机动

车最高限速20 km/h。

转弯路段：最高限速15 km/h。

坡道路段：最高限速 20 km/h。

土石方施工区域，水平路面：最高限速 20 km/h，坡道：最高限速10 km/h。

运输危险物质的车辆，不论任何路段，最高车速均不得超过 15 km/h。

工程车辆在施工区域行驶时，最高限速 15 km/h。

管道/管材类货物

货车两侧设置支架或支杆，支架或支杆应在同一垂直面上。

管道设置4条绑扎带或钢丝绳，从一边拉到另一边；不得使用手拉葫芦或手扳葫芦。

大直径的管材放置在两块垫木上，首层管材必须接触到挡板。

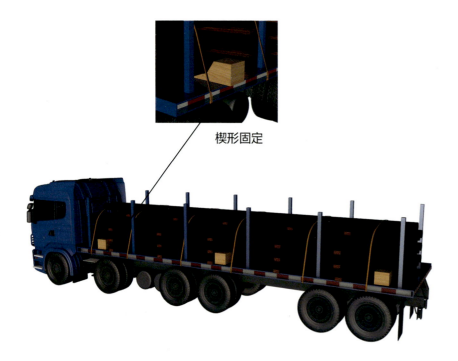

楔形固定

管道绑扎运输

有支柱或侧面板。

使用绑扎带绑扎固定，每根管道绑扎点不少于2道。

底部设置垫木，高度不低于5 cm。

管道套塑膜做好成品保护。

棱角、尖锐部位使用橡胶垫衬垫防护。

堆码高度不超过支柱或侧面板。

托盘装货物

上挡板、支柱或侧面板使用绑扎带、手拉葫芦绑扎固定。

每一个托架都必须固定，托架接触底板空的托盘也需要固定。

接触棱角部位使用橡胶垫衬垫防护。

桶装货物

捆成一个整体，桶底直抵车辆底板或是和车上的其他装置紧抵。

底部使用防滑垫防护。

若使用托盘，要将托盘捆绑直抵车厢底板。

用绑扎带、手拉葫芦绑扎固定。

棱角、尖锐部位使用橡胶垫衬垫防护。

衬垫防护

E-6 交通运输　　　E-6-2 货物运输绑扎

装载机

使用低平板半挂车运输装载机。

使用至少4道捆缚装置进行捆绑固定。

轮胎下方设置防滑止挡器。

挖掘机

使用低平板半挂车运输挖掘机，挖掘机重量不得高于板车载重。

使用至少5道捆缚装置捆绑固定，2道在前，2道在后，1道固定铲斗（铲斗紧贴车厢底板时可不进行固定）。

若拖车板是金属，则要求使用防滑胶垫以避免金属和金属的直接接触。

轮胎下方设置防滑止挡器。

E-6 交通运输　　**E-6-2 货物运输绑扎**

木方、跳板绑扎运输

底部设置垫木，高度不低于5 cm。

用绑扎带、手拉葫芦绑扎固定，不少于2道，距离边缘为0.5～0.8 m；接触棱角部位

使用橡胶垫衬垫防切割。

堆码高度不超过车厢板0.5 m。

棱角、尖锐部位使用橡胶垫衬垫防护。

直墙大模板绑扎运输

型钢龙骨侧朝向车厢底板侧。

用绑扎带、手拉葫芦绑扎固定，不少于2道，距离边缘为0.8～1.2 m。

接触棱角部位使用橡胶垫衬垫防切割。

宽度超过一个车道运输，超宽部位须用警示旗警戒，引导车前方引导

行驶。

堆码高度不超过4层。

棱角、尖锐部位使用橡胶垫衬垫防护。

中广核工程有限公司

E-6 交通运输　　E-6-2 货物运输绑扎

型钢钢材运输

有支柱或侧面板。

堆码型钢应使用绑扎带或铁丝(双股14#)捆绑形成整体。

底部设置防滑四点支架。

绑扎点不少于2道。

棱角、尖锐部位使用橡胶垫衬垫防护。

堆码高度不超过4层。

电缆盘运输

有支柱或侧面板。

每个电缆盘单独绑扎固定（无专用工装需使用2道绑扎），棱角使用衬垫进行保护。

电缆盘底部使用木楔子固定。

E-6 交通运输 **E-6-2 货物运输绑扎**

钢筋运输

货车两侧设置支柱或侧面板，堆码高度不超过支柱或侧面板。

使用紧绳器配裹塑钢丝绳或手拉葫芦配合钢丝绳固定，绑扎点不少于2道。

底部设置垫木，高度不低于10 cm。

棱角、尖锐部位使用橡胶垫衬垫防护。

钢筋混凝土预制件绑扎运输

底部设置垫木，高度不低于5 cm。

用绑扎带、手拉葫芦绑扎固定，不少于2道。

不允许堆叠码放。

棱角、尖锐部位使用橡胶垫衬垫防护。

E-6 交通运输　　**E-6-2 货物运输绑扎**

罐体运输

用绑扎带或钢丝绳绑扎固定，不少于2道。

用封车锁具对货物与运输车进行相对固定。

棱角、尖锐部位使用橡胶垫衬垫防护。

玻璃钢管运输

使用手拉葫芦和钢丝绳（使用编插或铅封式钢丝绳）或封车带等方式捆绑固定，不少于2道；严禁使用麻绳捆绑。

底部应采用嵌入木楔子等防滚动措施。

使用钢丝绳或链条固定时，应衬以足够厚和带韧性衬垫。

E-6 交通运输　　E-6-2 货物运输绑扎

扭王字块运输

底部铺设橡胶垫防护。

两侧采用钢板焊的专用工装(斜面)进行固定。

安装时保证扭王字块横向放置，3个支撑点位置与车厢紧密连接，块体与车厢接触

位置两侧采用木楔子楔紧，上方用手拉葫芦及5 t吊带固定牢靠。

集装箱运输

用绑扎带或钢丝绳绑扎固定，不少于2道。

底部使用防滑垫防护。

棱角、尖锐部位使用橡胶垫衬垫防护。

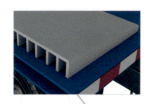

专用工装(斜面)

E-6 交通运输   **E-6-2 货物运输绑扎**

气瓶运输

宜用直立运输并符合 GB/T 30685 的要求，应可靠固定气瓶，以免气瓶移动或相互碰撞；气瓶

运输过程中应盖紧瓶帽，气瓶不得超过车栏板高度。

参考标准：《气瓶安全使用技术规定》（T/CCGA 20006—2021）

《气瓶直立道路运输技术要求》（GB/T 30685—2024）

高处作业前，应对安全防护设施进行检查、验收，验收合格后方可进行作业。

高处作业人员应按规定正确佩戴和使用合格的高处作业安全防护用品、用具。

施工现场立体交叉作业时，下层作业的位置，应处于坠落半径之外，模板、脚手架等拆除作业应适当增大坠落半径；当达不到规定时，应设置安全防护棚，下方应设置警戒隔离区。

6级以上强风、浓雾、沙尘暴等恶劣气候，不得进行露天攀登与悬空高处作业。

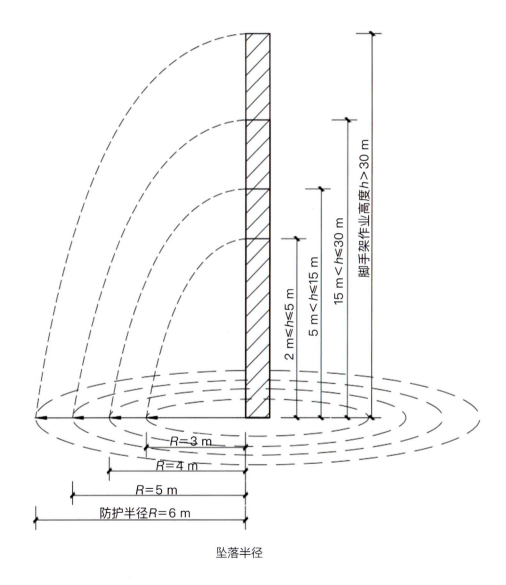

坠落半径

E-7 高处作业　　　**E-7-2 吊篮作业**

作业前准备

吊篮整机组装调试完应进行空载和额定载重量运行试验，验收合格的吊篮应张挂验收合格牌和限载标识牌。

在吊篮使用前，作业人员应对吊篮的安全状态进行检查。

吊篮使用人员应取得高处作业授权。

作业过程中

人员行为

吊篮内施工人员不得超过2人。

悬吊平台内不得使用梯子、凳子、垫脚物等进行作业。

严禁作业人员在悬吊平台上空抛撒物品。

作业人员应从地面进出吊篮，严禁空中攀爬出入吊篮，严禁相邻吊篮上下交叉作业。

悬吊平台内进行电焊作业时，须对吊篮设备、钢丝绳、电缆采取保护措施。

严禁使用吊篮运输施工材料。

劳动防护

操作人员要规范佩戴安全帽和安全带。

每一个作业人员设置单独的安全绳，安全带上的锁扣应扣在安全绳的自锁器上。

隔离区和监护人

吊篮下方要建立警戒隔离区，设置明显警告标志，并在控制区外设置监护人，监护人佩戴监护人袖章。

作业完成后

作业结束后，吊篮平台应放于规定位置，切断电源，并锁好电气控制箱。

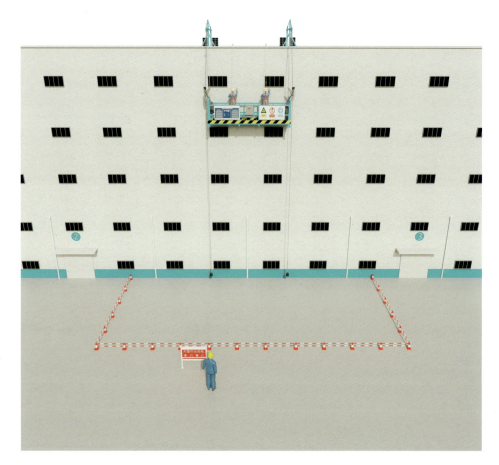

参考标准：《高处作业吊篮安装、拆卸、使用技术规程》（JB/T 11699—2013）

E-7 高处作业　　**E-7-3 脚手架搭设与拆除**

作业前准备

脚手架搭、拆作业前，施工单位应按规范要求对达到危大工程的脚手架组织工程技术人员编制专项施工方案，并按规范要求审批；大型、复杂的脚手架工程，超过一定规模危险性较大的脚手架工程的专项施工方案应按规定组织专家论证。

脚手架搭拆作业人员应持"架子工"特种作业人员资格证。

脚手架搭拆作业人员应穿防滑鞋、佩戴安全帽，高处作业必须系安全带。

安全帽

安全带

防滑鞋

E-7 高处作业　　　　**E-7-3 脚手架搭设与拆除**

搭拆过程中

防倾倒设施

严禁将支撑脚手架、缆风绳、混凝土输送泵管、卸料平台及大型设备的支承件等固定在作业脚手架上。

严禁在作业脚手架上悬挂起重设备。

严禁在脚手架上集中堆载施工材料。

当脚手架下部暂不能设连墙件时应设置斜支撑（参考本书C-6-2）加固；分段拆除高差大于2步时，应增设连墙件或斜支撑加固。

搭设检查

脚手架搭设过程中，应按GB 55023的规定在各阶段对脚手架进行检查，检查合格后方可使用。

拆除要求

脚手架拆除前，应清除作业层上的堆放物。

脚手架拆除应按照 GB 55023 规定的顺序进行。

作业脚手架分段拆除时，应先对未拆除部分采取加固处理措施后再进行架体拆除。

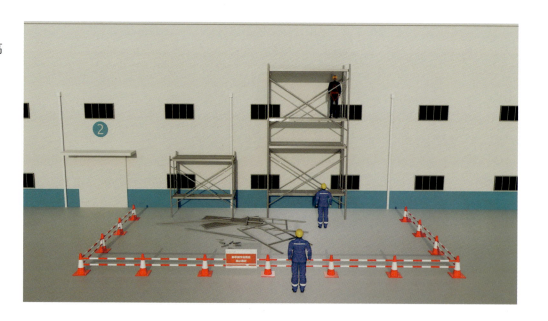

隔离区和监护人

脚手架作业下方要建立警戒隔离区，设置明显警告标志，并在控制区外设置监护人，监护人佩戴监护人袖章。

参考标准：《施工脚手架通用规范》（GB 55023—2022）

E-7 高处作业　　**E-7-3 脚手架搭设与拆除**

搭拆过程中

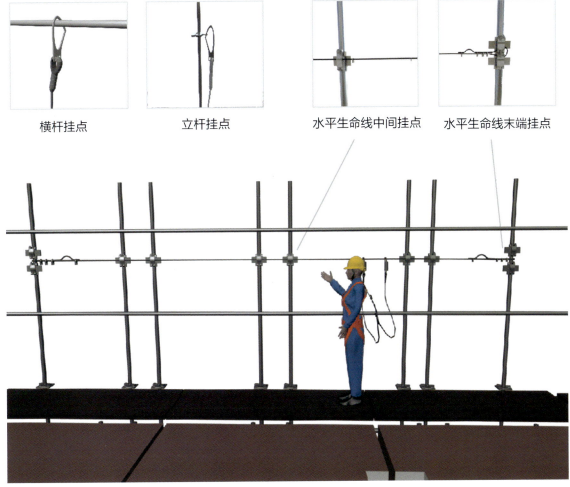

横杆挂点　　　　立杆挂点　　　　水平生命线中间挂点　　水平生命线末端挂点

坠落防护

系带+安全绳及缓冲器

脚手架搭拆过程中，优先选用固定牢固的横杆作为挂点。

在横杆未固定前，可使用专用工具，将稳固的脚手架立杆作为挂点。

系带+安全绳及缓冲器+水平生命线

在脚手架外立杆上宜设置直角扣件作为末端挂点连接件，在末端挂点连接件之间设置钢丝绳形成水平生命线。

安全网

脚手架外立面应满挂密目安全网全封闭；安全平网应固定牢靠，投用前应进行荷载试验；安全平网系绳与网体牢固连接，各系绳沿网边均匀分布。

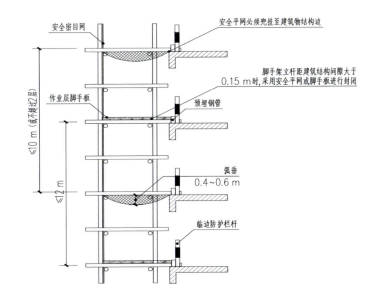

搭设完成后

脚手架搭设达到设计高度或安装就位后，应进行验收，验收不合格的，不得使用；验收合格的脚手架应悬挂允许使用脚手架信息牌，验收不合格的应悬挂禁止使用脚手架信息牌（参考本书 A-3）。

脚手架使用过程中严禁在作业脚手架上悬挂起重设备、在脚手架上集中堆载施工材料。

当脚手架承受偶然荷载、遇有6级及以上强风、大雨及以上降水、停用超过1个月、架体部分拆除等情况，应对脚手架进行检查并应形成记录，确认安全后方可继续使用。

坠落防护

系带+安全绳及缓冲器+水平生命线

在钢梁吊装前，使用底部夹具、螺栓将立杆固

定在钢梁上，立杆上设置圆钢拉结件作为末端

挂点，拉设钢丝绳形成水平生命线。

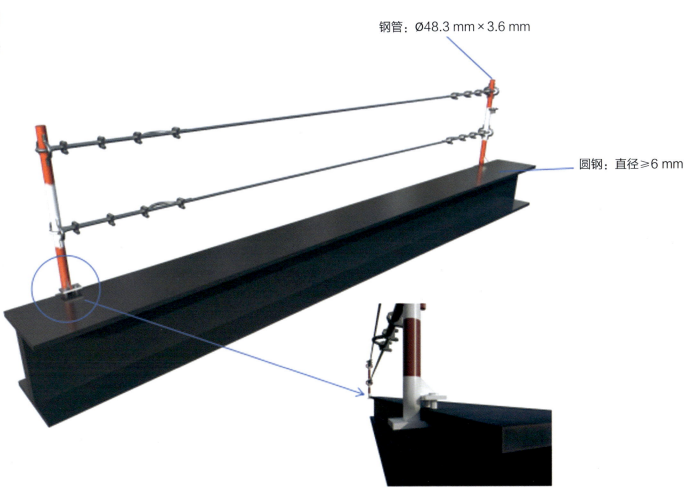

钢管：Ø48.3 mm×3.6 mm

圆钢：直径≥6 mm

E-7 高处作业　　**E-7-5 二次结构施工**

坠落防护

系带+安全绳及缓冲器+水平生命线

扁平吊装带拉设： 将扁平吊装带牢固捆绑于框架柱上，通过扁平吊带末端环眼拉设钢丝绳形成水平生命线。

膨胀螺栓拉设： 将闭圈式吊环膨胀螺栓锚固于墙柱上，在两个吊环之间设置安全绳形成水平生命线。

缠绕在已有的构筑物的立柱或横梁上进行固定时，

在柱、梁上缠绕至少2圈，棱角处加衬垫。

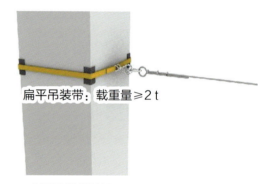

扁平吊装带：载重量≥2 t

扁平吊装带拉设

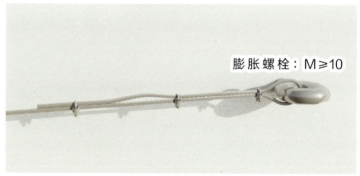

膨胀螺栓：M≥10

膨胀螺栓拉设

E-7 高处作业   **E-7-6 内支撑梁施工**

坠落防护

系带+安全绳及缓冲器+水平生命线

在内支撑梁混凝土浇筑前设置钢筋预埋件，浇筑完成后焊接槽钢立柱，立柱上设置圆钢拉结件，依次连接花篮螺栓、钢丝绳，形成水平生命线。

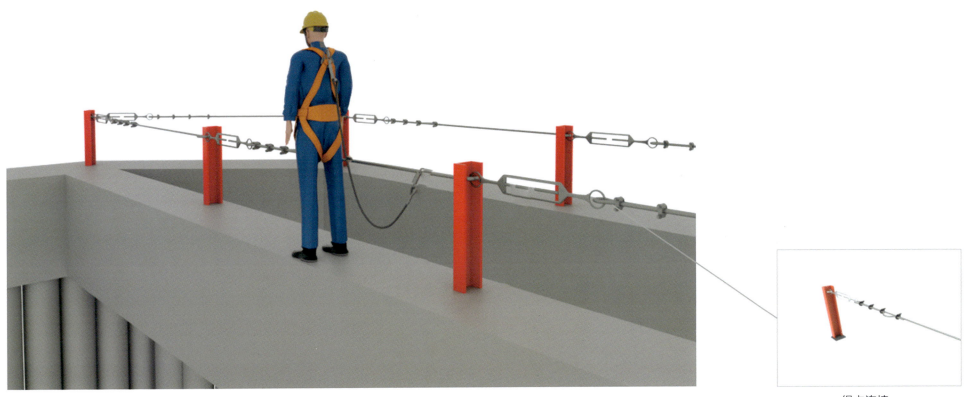

绳卡连接

坠落防护

系带+安全绳及缓冲器+水平生命线

在作业面上方通过脚手架主节点处设置钢丝绳，形成水平生命线，长度应与模板支撑架体跨度相适应。

模板工程现场可根据实际情况搭设经评估合格的脚手架作为安全带挂点。

主节点

E-7 高处作业　　**E-7-8 屋面作业**

坠落防护

系带+安全绳+水平生命线

宜在金属屋面上焊接槽钢立柱，立柱上焊接钢筋拉环作为末端挂点，拉设钢丝绳形成水平生命线；各项目可根据屋面环境采购合适的成品式水平生命线。

中广核工程有限公司

坠落防护

系带+速差自控器+导轨+自锁器，防护围栏

锚杆

使用钢筋锚固于土层中分别作为速差自控器和导轨挂点，挂点能够承受不低于22 kN（2 200 kg）的重量；作业人员同时佩戴速差自控器和自锁器，导轨、速差自控器禁止共用一根锚杆。

防护围栏

临边区域应规范设置防护围栏（参考本书 C-3-1），若现场条件无法设置防护围栏，应设置安全防护绳。

安全防护绳必须单独设置，不得搭接使用；安全绳在固定点缠绕不得少于2圈，且有防脱落措施；安全绳遇棱角处必须采取加衬垫保护措施。

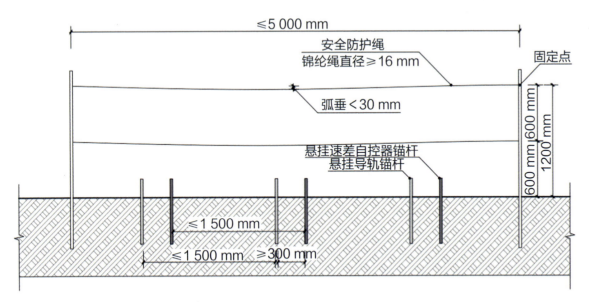

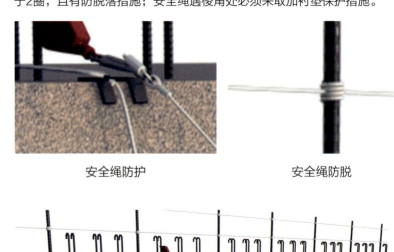

安全绳防护   安全绳防脱

E-7 高处作业　　E-7-10 土石方爆破

坠落防护

装药人员：系带+区域限制用安全绳

将三角支架满焊的钢管伸入钻孔固定，钢管两侧使用

直径≥12 mm的尼龙绳作为区域限制用安全绳。

钻孔、测量放样作业人员：系带+区域限制用安全绳

钻孔作业人员将安全绳系挂在钻机驾驶室扶手上。

测量放样作业人员安全绳系挂在车辆上。

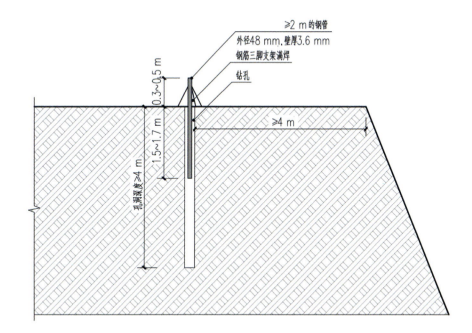

中广核工程有限公司

坠落防护

系带+区域限制用安全绳

在吊装口附近墙壁使用膨胀螺栓作为挂点（受力不低于22 kN），挂点位置根据人员活动范围确定。

区域限制用安全绳的选择，应满足作业人员活动距离不大于"挂点与孔洞边沿的水平距离"，禁止安全绳跨越孔洞，建议采用可调安全绳。

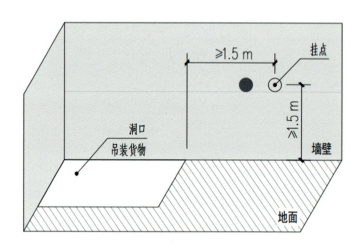

膨胀螺栓：M≥10

可调安全绳

室外卸车坠落防护

系带＋速差自控器/安全绳及缓冲器＋导轨

在室外场地安装挂点支架，支架上使用设置挂点，使用钢丝绳作为生命线导轨（参考本书 C-2-1）。

装货或卸货前，车辆停放到导轨下方（提前将速差自控器拉绳垂下），人员上车前，作业人员将安全带系带挂到速差自控器上，或将安全绳大钩直接系挂到导轨上。

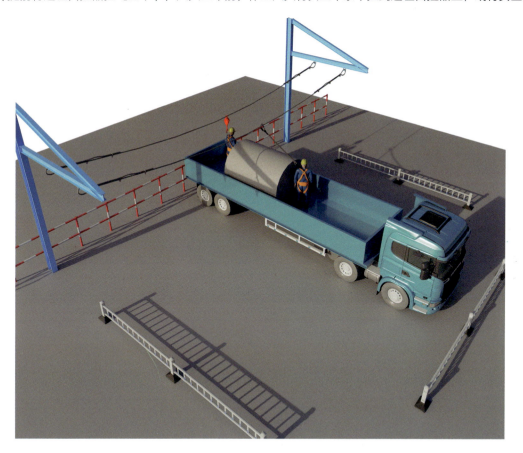

E-7 高处作业　　　E-7-12 临时装卸车

室内卸车坠落防护

有行车或汽车吊：系带+速差自控器

室内有行车时，将行车吊钩作为速差自控器挂点。

使用汽车吊装卸时，采用汽车吊钩作为速差自控器挂点。

无行车：系带+安全绳及缓冲器

无行车辅助时，在车辆挡板旁加设立柱，将安全绳大钩系挂在立柱铁环上作为挂点。

E-7 高处作业　　　**E-7-13 作业平台安拆**

坠落防护

系带+速差自控器+安全绳及缓冲器

安全销拆除前：挂架安装/拆除下层作业人员

安全销拆除作业时，将塔吊吊钩作为速差自控器挂点。

挂架提升：下层作业人员

安全销拆除后，缓缓提升挂架，直至挂架脱离爬锥，作业人员拆除该位置爬锥并回收后，撤离至相邻挂架，将安全绳大钩系挂于相邻挂架的可靠挂点。

挂架提升：上层作业人员

安全绳大钩系挂于钢筋骨架上，待挂架靠近墙体并稳定后，上部作业人员上至该挂架。

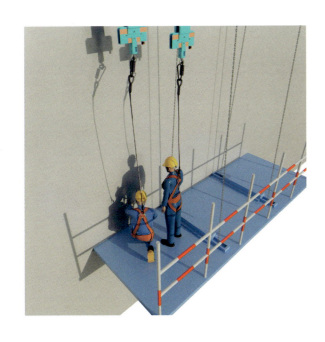

E-7 高处作业　　**E-7-14 隧洞凿岩台车**

坠落防护

台车顶部平台：钢筋网片+防护栏杆

平台满铺钢筋网片，钢筋网片应安装牢固、无滑动，采用卡扣锁紧装置与骨架固定连接。

平台四周设置可拆卸式防护栏杆，可拆卸式防护栏杆的立杆根部应预留安装孔，采用转动锁紧机构，立柱插入安装孔旋转即可锁紧与解锁。

当现场条件无法设置可拆卸式防护栏杆时，应设置固定防护围栏（参考本书 C-3-1）。

爬梯：爬梯护笼+系带+速差自控器

固定直爬梯外圈增设护笼，人员上下爬梯使用安全带系带悬挂至速差自控器挂钩上下。

可拆式防护栏杆

E-8 钢筋作业 **E-8-1 基本要求**

防坠落

在高处(2 m或以上)、深坑绑扎钢筋和安装钢骨架，必须搭设脚手架或操作平台，临边应搭设防护栏杆。

绑扎高层建筑的边柱、外墙、挑檐和圈梁时，应有可靠的立足点，并在临边设置防护栏杆及挂设安全网。

防坍塌

禁止将钢筋存放在主通道脚手架、模板支撑架上，其他位置脚手架禁止超荷载存放钢筋。

机械设备安全使用

焊机：工作场地应硬实、干燥，焊机安装平稳牢固，有可靠的接地装置，导线绝缘良好；操作人员作业时应戴防护眼镜和绝缘手套，并站在绝缘板上。

冷拉卷扬机：钢丝绳应经封闭式导向滑轮，并应和被拉钢筋成直角；操作人员应能见到全部冷拉场地；卷扬机与冷拉中心线距离不得小于5 m。

切断机：断料时，操作人员手与刀口距离不得小于0.15 m，活动刀片前进时禁止送料；切断机在运转过程中严禁用手直接清除刀口附近的短钢筋和杂物；在钢筋摆动范围内和切口

附近，人员不得停留。

调直机：使用调直机时严禁戴手套操作，钢筋调直到末端时，作业人员必须与钢筋保持安全距离。

临时用电

每台钢筋设备应配备专用开关箱，开关箱周围不得堆放任何妨碍操作的物品。

工作完毕，拉闸断电，锁好开关箱。

参考标准：《建筑施工机械与设备 钢筋加工机械 安全要求》（GB/T 38176—2019）

《建筑卷扬机》（GB/T 1955—2019）

《建筑施工高处作业安全技术规范》（JGJ 80—2016）

钢筋绑扎作业必须系挂安全带，安全带高挂低用，无可靠安全带挂点不得作业。

安全带挂钩应挂在竖筋上，竖筋直径不小于20 mm，挂点左右1 m范围内使用不低于18#的双股铁丝绑扎4道。

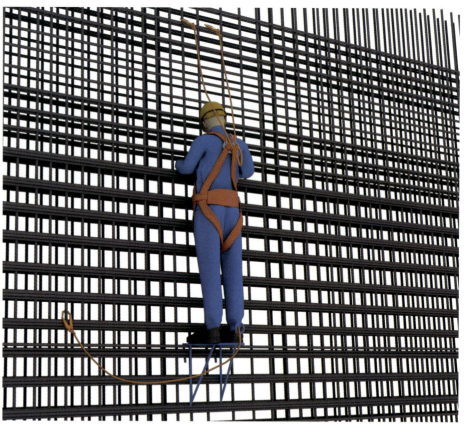

E-8 钢筋作业　　E-8-3 钢筋支撑

水平杆

选用 φ16 或以上钢筋或不小于 1.2 m 钢管；钢筋或钢管与立筋用 14# 镀锌铁丝以抛撑节点为中心，1 m 范围内"十字交叉"绑扎 4 点，或采用双道 18#~20# 扎丝"十字交叉"绑扎连接。

斜支撑

直径低于 18 cm 的钢筋不得使用钢筋斜支撑。低于 25 cm 的钢筋，3 m 以上墙体须设斜支撑，当墙体拉筋挂设到水平临时拉结支撑同等高度位置后，水平临时拉结支撑可取消。墙体临时加固措施自由端一端从 1.5 m 处开始布置，交叉墙体处从 3 m 处开始布置。

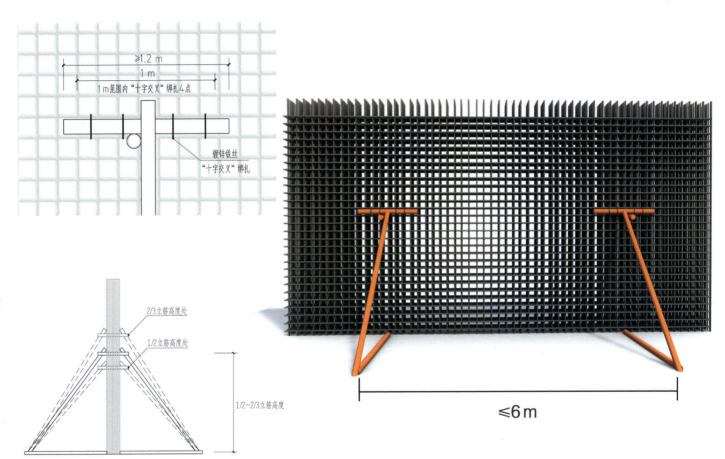

参考标准：《建筑施工易发事故防治安全标准》（JGJ/T 429—2018）

E-8 钢筋作业   **E-8-3 钢筋支撑**

单面支撑

墙体单面支撑时同时使用钢丝绳手拉葫芦拉结在墙体内侧。

当支撑上端、钢筋墙体下端与周边物体稳固连接时，可不再设置手拉葫芦。

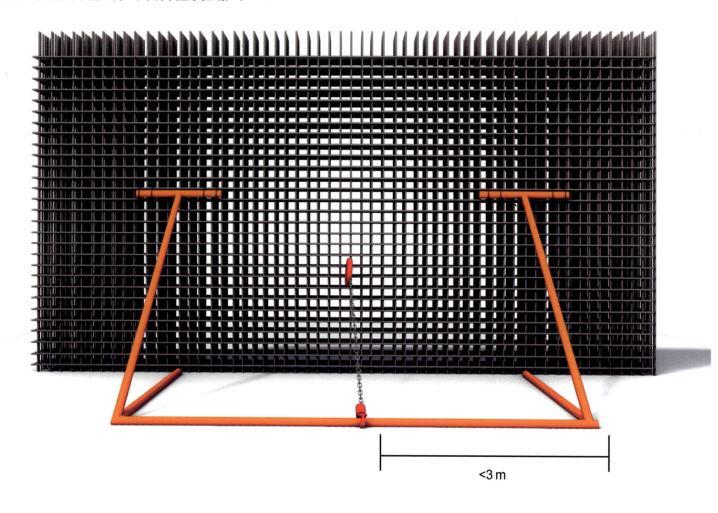

E-8 钢筋作业　　**E-8-4 竖向插筋防护盖板**

盖板

材　　质： 盖板采用Q235B碳钢板，钢筋套管采用镀锌钢管。

尺　　寸： 盖板厚度≥5 mm。

设置要求： 钢筋套管在盖板卡槽内能够前后移动。

钢筋防护槽盒

材　　质： 模板。

尺　　寸： 厚度18 mm，深度100 mm。

E-8 钢筋作业　　**E-8-5 大面积混凝土浇筑通道**

通道铺设

通道并列铺设不少于 2 块脚手板，使用 14#双股铁丝绑扎牢固，脚手板的铺设可采用

对接或搭接铺设。

马凳支撑

使用马凳支撑的脚手板对接平铺或搭接铺设应符合安全要求。

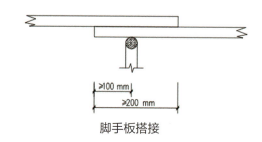

脚手板搭接

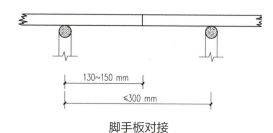

脚手板对接

Clean

Clean Energy
一个清洁能源产业集团

Green

Green Power
一个绿色持续电力系统

Nature

Nature Sustainability
一种自然共生发展模式

E-9 混凝土施工作业

① 挡车措施

混凝土施工作业时，混凝土搅拌运输车、混凝土泵车应设置倒车止挡器。

② 接料措施

混凝土搅拌运输车与泵车间设接料斗，防止混凝土遗撒。

③ 安全距离

混凝土搅拌运输车轮胎、混凝土泵车支腿距基坑边缘、边坡坡顶、桩孔边的距离，应根据设备重量、支护结构、土质情况按设计要求进行确定，且不小于1.5 m。

④ 泵车

混凝土泵车应安放在平整、坚实的地面上，周围不得有障碍物，在放下支腿并调整后应使机身保持水平和稳定。

泵车臂架下不得有人停留或行走，泵车臂架动作范围内有高压线、障碍物不得作业。

泵车运作异常时，应停止作业，按应急预案进行处置。

⑤ 警示区设置

根据实际情况设置警示区或警示带。

⑥ 作业监护

作业现场设置监护人，佩戴明显标识，使用指挥棒现场指挥。

⑦ 人员站位和劳保

使用输送泵输送混凝土时，混凝土罐车在开始或停止泵送混凝土前，作业人员应与出料软管保持安全距离，严禁在出料口下方停留；浇筑泵车输送软管操作手需佩戴护目镜和使用牵引绳，现场设置洗眼器。

⑧ 输送管道

用输送泵输送混凝土，管道接头、安全阀必须完好，管道的架子必须牢固，架体不得固定在外脚手架上。

管道转弯接头处不得站人，防止管道破裂混凝土浆飞溅伤人。

当输送管被堵塞时，应按应急预案进行处置。

参考标准：《建筑施工机械与设备 混凝土泵和泵车安全使用规程》（GB/T 39757—2021）

混凝土搅拌运输车+混凝土泵车

混凝土搅拌运输车+混凝土地泵+布料机

E-10 基坑作业

基本要求

基坑工程施工前，施工单位应当组织工程技术人员编制专项施工方案，并按规范要求审批，超过一定规模的基坑工程专项施工方案应按规定组织专家论证。

基坑支护结构施工应与降水、开挖相互协调，各工况和工序应符合设计要求。

基坑边沿周围地面应设排水沟；放坡开挖时，应对坡顶、坡面、坡脚采取降排水措施。

基坑的上、下部和四周必须设置排水系统，流水坡向及坡率应明显和适当，不得积水。

基坑开挖应按先撑后挖、限时、对称、分层、分区等的开挖方法确定开挖顺序，严禁超挖，放坡开挖应符合规范要求。

① 人行斜道

基坑内应设置上下人行斜道或专用梯道；基坑采用支护桩形式且开挖深度大于 7 m 的，优先采用成品梯笼，需专业厂家提供产品合格证并按产品说明书搭设牢固。

人行斜道的宽度、坡度（参考本书 C-5）、栏杆（参考本书 C-3-1）设置应符合要求。

② 运料、车辆斜道

运送材料斜道的宽度、坡度（参考本书 C-5）设置应符合要求；挖土机械、运输车辆等直接进入基坑进行施工作业时，应采取保证坡道稳定的措施；坡道坡度不宜大于 1:7，坡道的宽度应满足车辆行驶的安全要求；基坑道路应设置防撞墩，土方路使用挡土坎。

③ 基坑支护

基坑工程应根据支护结构施工方案的要求设置金属网防护、格构梁支护、钢筋网片+喷水泥砂浆等支护。

④ 上部排水

基坑上部排水沟底部和侧壁应做防渗漏处理，靠基坑侧应设置挡水坎。

⑤ 基坑降水

当基坑开挖深度范围内有地下水时，基坑底部应设置排水沟和集水坑，宜布置在结构外边距坡脚不小于 0.5 m。

集水坑内应设置具备自动启泵功能的排水泵。

⑥ 警示区设置

在基坑危险部位、临边和临空位置设置明显的安全警示标识或警戒，在基坑边 1.2 m 范围内划定警戒线，书写"严禁堆载"警示标语。

基坑周边 3 m 内限制堆载，坑边严禁重型车辆通行。

防护栏杆（参考本书 C-3-1）设置应符合要求。

E-10 基坑作业

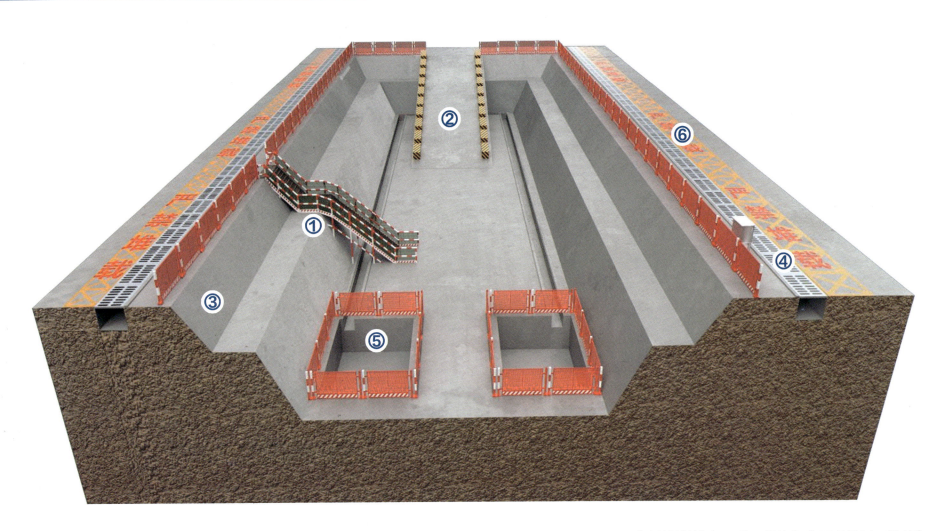

参考标准：《建筑地基基础工程施工规范 》（GB 51004—2015）

《建筑深基坑工程施工安全技术规范》（JGJ 311—2013）

《建筑施工土石方工程安全技术规范》（JGJ 180—2009）

E-11 爆破作业

爆破信息通知

装药前1天应发布爆破公告。

项目部通过邮箱发布爆破信息通知。

作业前通过广播传递爆破信息。

作业前现场使用爆破警戒车巡视。

炸药运输

炸药运输车辆进入施工区域，项目应安排专车引导炸药运输车辆按照指定路线进入爆破区域。

参考标准：《爆破安全规程》（GB 6722—2014）

E-11 爆破作业

爆破警戒区设置

炸药运入现场开始，应划定装药控制区、爆破警戒区，装药控制区内应禁止烟火。

装药过程中，装药控制区边界设置明显标志，严禁无关人员和车辆进入装药控制区。

爆破开始前，应按照爆破要求在爆破点300 m外设置警戒。

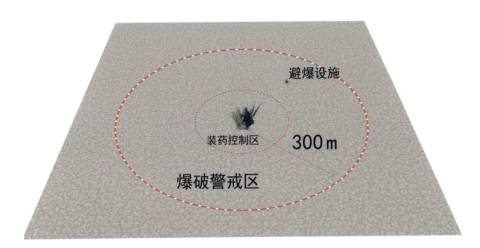

避炮措施

避炮掩体（严禁用大型设备）应设在冲击波危险范围之外。

避炮掩体结构应坚固紧密，位置和方向应能防止飞石和有害气体的危害；通达避炮掩体的道路不应有任何障碍。

若使用避炮棚，安装场地需地面平整，能让柜体平稳放置于地面。

水上爆破作业时，设置水上警戒船舶、水上警戒拦船浮起筒、警报信号，爆破作业区域禁止非作业人员及船舶进入。

参考标准：《爆破安全规程》（GB 6722—2014）

E-11 爆破作业

炸药存放

炸药运入警戒区后, 应迅速分发到各装药孔口或装药洞口, 由专人看管、发放、领用登记。

不应在警戒区临时集中堆放大量炸药, 不得将起爆器材、起爆药包和炸药混合堆放。

参考文件：《爆破安全规程》（GB 6722—2014）

E-11 爆破作业

爆破覆盖措施

爆破区域装药填塞完成后，设置三层覆盖防护：沿孔口覆橡胶垫，上方满铺钢丝网，钢丝网应使用卡扣连接成片或按当次爆破设计的具体要求执行，钢丝网上方压一层沙袋，沙袋与炮孔交错布置，覆盖范围应超出爆区边缘不小于1.5倍孔距和排距。

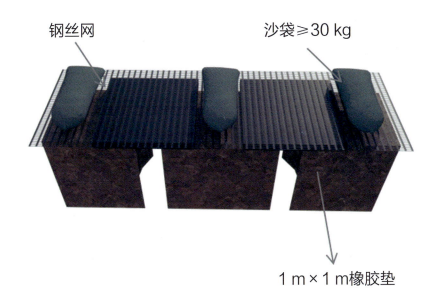

钢丝网　　　沙袋≥30 kg

1 m×1 m橡胶垫

参考文件：《爆破安全规程》（GB 6722—2014）

E-12 潜水作业

基本要求

水下作业前，施工单位应当组织工程技术人员编制专项施工方案，并按规定组织专家论证。

潜水人员培训、资格认证和管理应符合法律法规和行业规范要求，作业前应检查潜水人员资质，保证资格证在有效期内。

潜水作业前应办理水下作业许可证。

潜水员证

潜水医学技士证

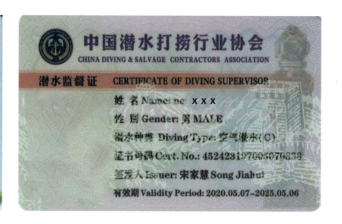

潜水监督证

中广核工程有限公司

E-12 潜水作业

人员配备

各类潜水作业的人员配备如下：

潜水方式	潜水监督	潜水员	潜水人员总数
SCUBA潜水	≥1	≥2	≥3
水面供气式潜水	≥1	≥4	≥4
海洋工程潜水或潜水深度＞24 m	≥1	≥2	≥5

有一名潜水员在水下作业时，潜水现场应指定一名预备潜水员。

有两名以上潜水员在水下作业时，每两名潜水员至少指定一名预备潜水员。预备潜水员着装待命，能够随时入水进行救助。

应按照潜水人员的总数（潜水员+备用潜水员）配备潜水照料员。

参考标准：《空气潜水安全要求》（GB 26123—2010）

中广核工程有限公司

个人配备

水面供气式空气潜水时，应有两套以上独立的主气源、一套应急气源、两套潜水脐带、一台潜水控制面板、两台潜水电话、两顶潜水面罩或头盔、两套潜水服、两条安全背带、两条压重带、两副脚蹼、两把潜水刀、两只潜水员应急气瓶、两个计时器、必要的工具和配件等。

潜水控制面板

潜水头盔

应急气瓶

参考标准：《空气潜水安全要求》（GB 26123—2010）

E-12 潜水作业

供气系统

潜水员主气源和应急气源应为两个独立的气源，可以是一台空气压缩机和一组储气罐(或高压气瓶)，或两台不同动力源的空气压缩机。

预备潜水员主气源和应急气源应为两个独立的气源，可以是一台空气压缩机和一组储气罐(或高压气瓶)，或两台不同动力源的空气压缩机，其中应急气源可由潜水员主气源代替。

模式1		模式2	
潜水员	预备潜水员	潜水员	预备潜水员
主气源1	主气源2	应急气源1	主气源2
应急气源1	应急气源2	主气源1/应急气源2	

主气源

空气压缩机

应急气源

 或

空气压缩机　　储气罐(或高压气瓶)

参考标准：《空气潜水安全要求》（GB 26123—2010）

中广核工程有限公司

E-12 潜水作业

安全管理要求

装具、设备和系统检查与测试

在潜水作业前,应对装具、设备和系统进行现场检查与测试。

入水和出水方式

潜水现场应有供潜水员安全入水和出水的设备,如潜水梯、潜水吊笼或开式潜水钟。

最大潜水深度

SCUBA 潜水,深度应不大于 40 m。

水面供气式潜水装具潜水,深度应不大于 60 m。

最低休息时间规定

潜水人员每天连续休息时间不得低于8 h。

现场通信建立

潜水监督应与潜水员、预备潜水员、照料员、潜水吊放系统绞车操作员之间建立双向通信。

现场警示标志

潜水现场应有相应的隔离警示标志,无关人员不能进入潜水区域;潜水开始和结束时,应通知现场所有人员。

反复潜水的处置

潜水作业后的 12 h内不应进行反复潜水。

反复潜水应根据 GB/T 12521的规定处置。

水文气象的限制

潜水方式		水流速度（m/s）	蒲福风力等级（级）
SCUBA潜水		<0.5	<4
水面供气式潜水	通过潜水梯入水	<0.5	<4（4≤风力<5，应评估现场具体条件决定是否潜水）
	通过潜水吊笼或开式潜水钟入水	<0.5	<5（5≤风力<6，应评估现场具体条件决定是否潜水）

参考标准：《空气潜水安全要求》（GB 26123—2010）

E-13 隧道施工作业　　E-13-1 隧道入口

① **门禁系统**

隧道入口处均需安装人员出入门禁系统，门

禁系统可实时显示隧道内人员数量。

② **人员电子管理系统**

出入口LED屏应能显示入洞人员数量、工

种、时间等信息。

③ **标志标识**

隧道入口应设置"下洞告知"标识牌，告知

下洞的安全须知。

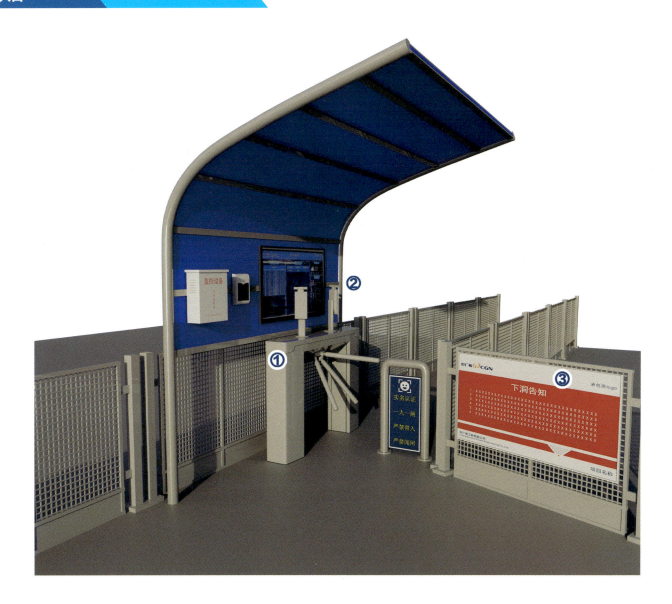

E-13 隧道施工作业　　**E-13-1 隧道入口**

交通安全

洞内交通实行人车分流，人行通道设置在通风管侧。

限高、限宽

洞口车辆通道应设置限高、限宽、限速安全标识。

E-13 隧道施工作业　　E-13-2 隧道内施工

① 临时用电

隧道内电缆严禁沿地面明设，隧道内固定电缆悬挂装置用玻璃钢电缆支架，临时可用塑料挂钩，电线悬挂高度应不低于2.5 m。

动力干线上的每一分支线，必须装设开关及保险装置；动力电缆不得与人行道布置在同一侧，不应在动力线路上加挂照明设施。

隧道内的电气设备必须采用保护接零。

② 隧道照明

隧道施工作业地段应有充足的照明，照度应符合JTG/T 3660 的要求。

隧道内的照明灯具宜选用LED灯带，电源电压不应大于36 V。

③ 隧道通风

隧道施工通风应能提供洞内各项作业所需要的最小风量。

隧道长度超过150 m时，必须设置机械通风，并对隧道内气体、粉尘进行随时监控。

送风管宜采用软管，靠近风机的软风管应采用加强型。

④ 隧道排水

隧道洞口、辅助坑道洞口、斜(竖)井洞口进洞开挖前应做好排水系统，完善排水设施。

有突涌水风险的反坡排水隧道施工，应配置应急备用电源、抽水设备和排水管道。

⑤ 交通设施

隧道内交通实行人车分流，人行通道应设置固定围栏。

车辆不得超载、超高、超宽、超速运输；车辆装载高度，斗车不应超过顶面 0.5 m，宽度不应超过车宽。

无轨运输单车道净宽不得小于车宽加 2 m，并应间隔适当距离设置错车道；双车道净宽不得小于2倍车宽加 2.5 m，会车视距宜大于 40 m。

⑥ 消防设施

隧道内应配备灭火器等消防设施。

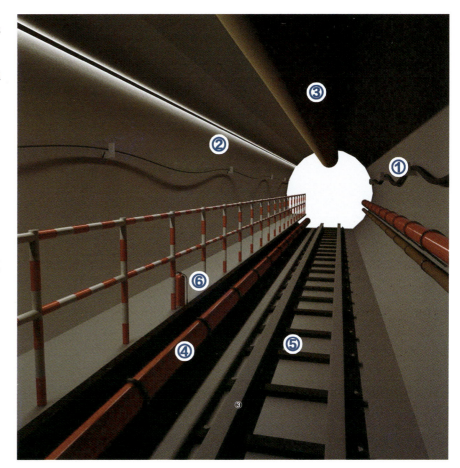

参考标准：《建筑与市政工程　施工现场临时用电安全技术标准》（JGJ/T 46—2025）

《公路隧道施工技术规范》（JTG/T 3660—2020）

盾构作业——带压换刀

作业准备

对带压换刀针对性设计开舱方案，根据掌子面地质情况，选取合适的开舱地点。

对作业人员进行酒精检测、精神状态检查，确定人员无异常。

对舱内进行通风，对含氧量、有毒有害气体进行检测，确定合格。

对空压机进行检查、测试，确认运转正常。

施工过程

入舱后作业人员应先对掌子面稳定情况进行检查。

跟班机修对盾构机各系统进行检查，保证其功能完好。

吊运刀具注意人员站位。

进舱通道必须确保畅通，不得堆放杂物。

作业过程中，应确保舱内全程通风。

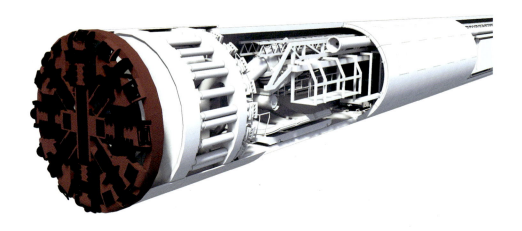

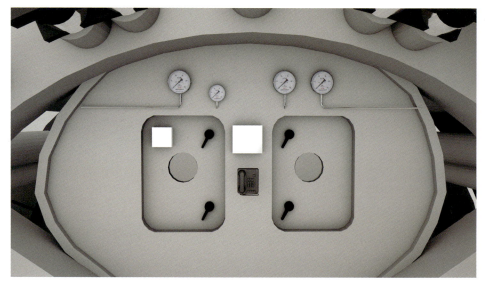

参考标准：《盾构法隧道施工及验收规范》(GB 50446—2017)

E-14 射线探伤作业

作业单位和人员资质

使用放射源及射线装置的单位需按照法规要求，依照从事活动的类型进行申报并取得相应的辐射安全许可证。

辐射从业人员应取得相关的证书，并具备与其工作内容相关的技能水平。

射线探伤作业人员其辐射防护要求应满足 GB 18871 的要求。

工作人员年（连续12个月）有效剂量不超过5 mSv，公众年有效剂量不超过0.25 mSv。

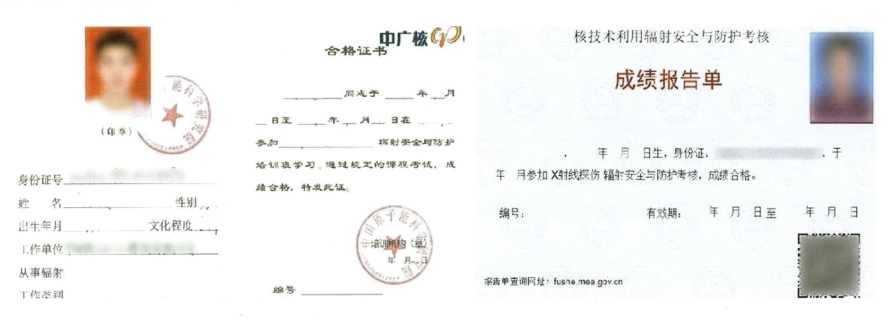

参考标准：《电离辐射防护与辐射源安全基本标准》（GB 18871—2002）
《职业性外照射个人监测规范》（GBZ 128—2019）

E-14 射线探伤作业

放射源运输

运输车辆

放射源在厂内运输应指定专人按照指定路线使用专车运输，并安排专人押运，押运人员须全程监控。

车辆四周应张贴放射性标志，车顶设置警示灯，在车上配备环境剂量检测仪表，满足技术服务要求。

放射源运输车辆应专车专用。

放射源跟踪

放射源上需安装定位装置，可追踪放射源的位置。

参考标准：《电离辐射防护与辐射源安全基本标准》（GB 18871—2002）

《放射性物质安全运输规程》（GB 11806—2019）

《剧毒化学品、放射源存放场所治安防范要求》（GA 1002—2012）

E-14 射线探伤作业

警戒隔离区

探伤作业应设定警戒隔离区，并设置两道探伤专用警示带、电离辐射警告标志，出入口设置醒目的警示牌、报警灯、录音喇叭。

探伤出入口专人看守，监测控制区的辐射剂量率水平；并安排专人对隔离边界进行巡视。

探伤人员应佩戴TLD（热释光片剂量计）。

参考标准：《工业探伤放射防护标准》（GBZ 117—2022）

闸阀

手动关闭阀门，阀位指示
显示处于"C"关闭位置。

链条经过手轮轮毂处缠
绕，SUE锁穿过两个链
条孔后上锁，链条锁紧。

链条与阀门本体卡环连
接，卡环完整无开口。

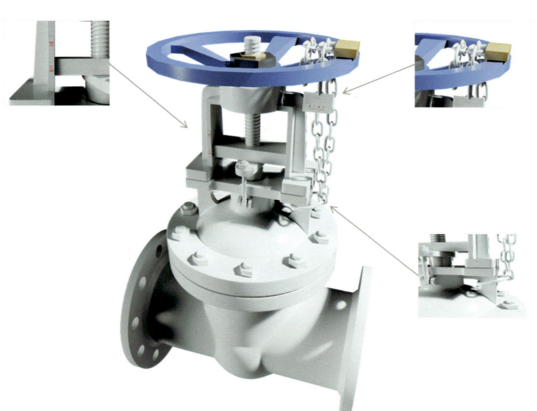

E-15 调试作业　　**E-15-1 机械设备隔离**

电动阀（普通手轮）

电动或手动关闭阀门，阀位指示显示处于关闭位置。

链条与阀门本体使用卡环连接，链条经过手轮缠绕，SUE锁穿过两个链条孔后上锁，链条锁紧。

上游电源断开并挂牌上锁。

电动阀（实心手轮）

上游电源断开并挂牌上锁。

电动或手动关闭阀门，阀位

指示显示处于关闭位置。

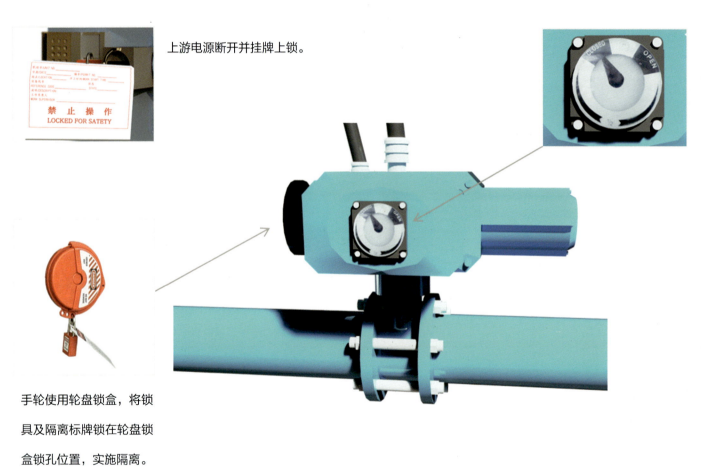

手轮使用轮盘锁盒，将锁

具及隔离标牌锁在轮盘锁

盒锁孔位置，实施隔离。

E-15 调试作业　　　**E-15-1 机械设备隔离**

专用隔离工具

轮盘锁盒

部分DN25左右的小阀门手轮间隙无法穿链条或气动头气源隔离阀为一字手柄无法上

锁时，使用轮盘锁盒。

管道卡箍锁盒

一字手柄球阀链条无法保证隔离效果时，使用管道卡箍锁盒。

E-15 调试作业　　　　**E-15-2 电气设备隔离**

小三箱

低压

在分闸的空开上加专用隔

离卡具，实施挂锁。

小三箱空开处于分闸位，分闸时手柄

掷于下方，同时有 OFF 指示出现。

抽屉开关分闸，抽屉在隔离位。

在红色按钮处挂锁，实施隔离。

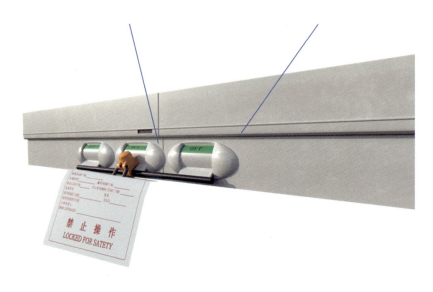

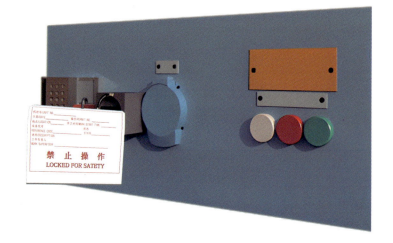

中压

① 检查低压仓面板指示灯，运行灯为红色，停止灯为绿色。

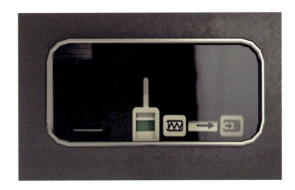

② 同时检查中压小车面板指示，确认绿色分闸指示（水平绿线）出现。

③ 中压开关低压仓的控制电源开关分闸。

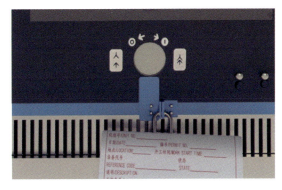

④ 中压开关地刀合闸，实施隔离挂锁。

多孔安全锁、安全搭扣锁具

当电气设备只有一个有效锁孔，且只能上一把锁时，无法保证多个

LC状态边界的有效隔离情况下，应选用多孔安全锁或安全搭扣锁

具，分别在不同的锁孔进行并行隔离。

E-16 试压吹扫作业

控制区设置

管道吹扫区域应设置控制区，显著位置设置安全警示标识（参考本书 A-3 安全信息牌）。

压力监测

应安排专人进行压力监测，试验用压力表应经过校验，并且在校验有效期内。

E-17 安全管理流程　　**E-17-1 作业管理通用流程**

开始

作业准备

1、开展JSA作业安全分析；

2、办理作业许可证（若需）；

3、审核作业人员资质，召开班前会；

4、检查维护操作设备、工具、仪器及辅助工具；

5、准备劳动防护用品及应急救援设施。

作业

1、作业人员正确佩戴安全防护用品，按操作规程正确操作；

2、设置监护人，无关人员不得进入作业控制区；

3、人员应与旋转部件、车辆、施工机械、移动设施、用电设备等保持足够的安全距离；

4、合理安排工作，勿疲劳工作；

5、如有外界环境突发变化影响安全生产时及时停止工作；

6、发生突发事故事件，及时按应急预案开展应急响应。

现场恢复　　　　　　　　　　　　　　　　　　　　　　　　　　结束

1、恢复现场安全防护措施（如拆除或移动防护栏杆、关停或移动消防设备）；

2、清除可能存在的事故风险，保持场地整洁;

3、召开班后会对作业情况及风险控制情况进行总结和反馈。

中广核工程有限公司

E-17 安全管理流程　　E-17-2 班前/后会工作流程

班前会

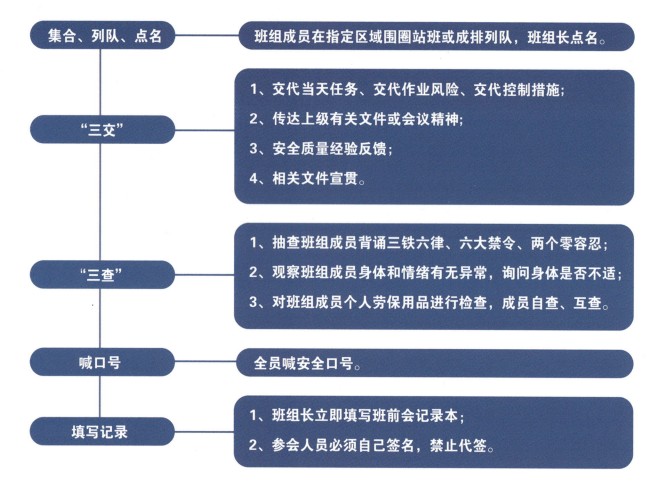

集合、列队、点名 — 班组成员在指定区域围圈站班或成排列队，班组长点名。

"三交"
1、交代当天任务、交代作业风险、交代控制措施；
2、传达上级有关文件或会议精神；
3、安全质量经验反馈；
4、相关文件宣贯。

"三查"
1、抽查班组成员背诵三铁六律、六大禁令、两个零容忍；
2、观察班组成员身体和情绪有无异常，询问身体是否不适；
3、对班组成员个人劳保用品进行检查，成员自查、互查。

喊口号 — 全员喊安全口号。

填写记录
1、班组长立即填写班前会记录本；
2、参会人员必须自己签名，禁止代签。

E-17 安全管理流程　　**E-17-2 班前/后会工作流程**

班后会

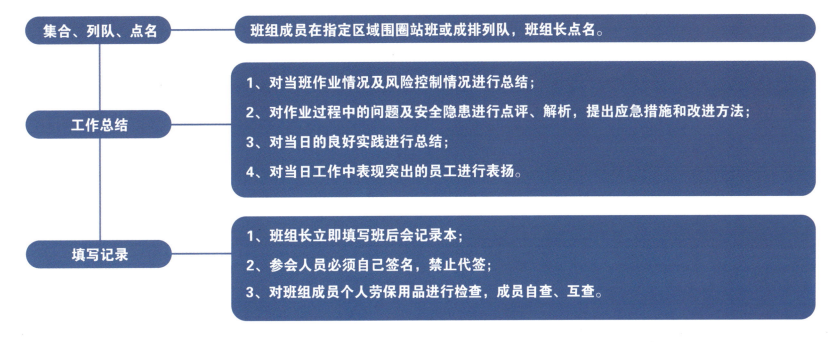

集合、列队、点名　—　班组成员在指定区域围圈站班或成排列队，班组长点名。

工作总结
1、对当班作业情况及风险控制情况进行总结；
2、对作业过程中的问题及安全隐患进行点评、解析，提出应急措施和改进方法；
3、对当日的良好实践进行总结；
4、对当日工作中表现突出的员工进行表扬。

填写记录
1、班组长立即填写班后会记录本；
2、参会人员必须自己签名，禁止代签；
3、对班组成员个人劳保用品进行检查，成员自查、互查。

需入场人员/车辆

人员

1、健康要求：年龄和身体健康条件满足，持有一年内常规体检报告（临期须及时复检提交报告）。

2、通过入场安全授权、三级安全教育培训和考核。

3、反恐安保（姓名及身份证）审查通过。

机动车

1、车龄及行驶里程条件不超过规定要求。

2、依法取得机动车号牌、行驶证；购买机动车交通事故责任强制保险；无非法加装、改装；通过入场前检查和验收；未被列入中广核黑名单；租赁车辆的应签订车辆租赁合同等。

特殊车辆（运送爆破器材、燃油、放射源以及运送商用混凝土等送货车辆）

1、车龄及行驶里程条件不超过规定要求。

2、车辆行驶证、质量检验合格证明（如有）；车辆所属单位营业执照；车辆驾驶员、押运员（如有）资质证书；驾驶员、押运员入场安全承诺书；驾驶员、押运员个人健康证明（体检报告）；驾驶员、押运员三级安全教育以及入场授权安全培训合格证明等。

填写申请

1、在"智慧工地-入场授权申请模块"填写入场/延期/变更申请，录入人员、车辆、设备的基本信息以及证明文件、资料等。需延期的提前30天申请，变更的在发生变化前提交申请。

2、保险单、分包合同等普适性资料由申请人所在单位通过函件正式提交项目部，录入申请信息时无须单独提供。

3、填写申请时，须应据实填写授权期限，授权期限最终由批准环节核定。

授权终止　　　　是

E-17 安全管理流程 | **E-17-3 车辆/人员出入控制流程**

申请单位授权人对申请材料进行审查

申请单位授权人对申请材料进行审查，确保申请材料真实、有效且完整，并签名盖章（如需）。

部门及接口相关方授权审查

项目业务管理部门指定专人作为本部门及接口相关方授权审查员，负责本部门以及接口相关方的授权审核，并对申请材料的真实性、有效性承担审查责任。

批准

项目安质环分部（办公室）授权人负责对授权申请材料的完整性进行审核，并进行最终批准。

办证

安质环分部（办公室）办证中心给予人员、车辆或设备的入场权限，并根据需要印制授权证件。

是

人员

1、人员超龄、身体状况禁止入场；
2、离职或离开当前工作地点 30 天及以上；
3、违反现场有关管理规定，并纳入黑名单的；
4、其他。

车辆

1、达到国家法定报废标准之一的；
2、国家明令禁止使用或淘汰的；
3、安全性能无法保证的；
4、未通过车管所年审或未通过质量检验部门年检的；
5、机动车辆使用年限超过标准。

授权到期、变更和失效，工作是否须入场

否

是否满足授权终止条件

在授权期限内出入场

携带物品出场的，参照《作业许可安全管理程序》规定办理携物出场许可。

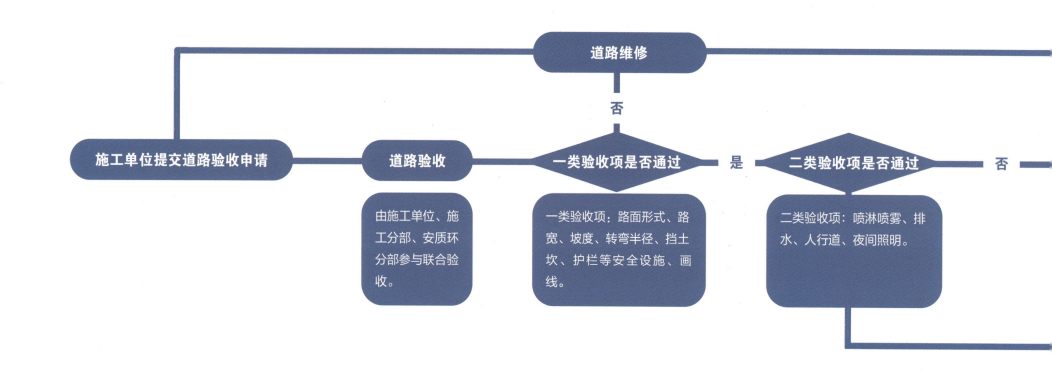

道路维修

否

施工单位提交道路验收申请

道路验收

由施工单位、施工分部、安质环分部参与联合验收。

一类验收项是否通过

是

一类验收项：路面形式、路宽、坡度、转弯半径、挡土坎、护栏等安全设施、画线。

二类验收项是否通过

否

二类验收项：喷淋喷雾、排水、人行道、夜间照明。

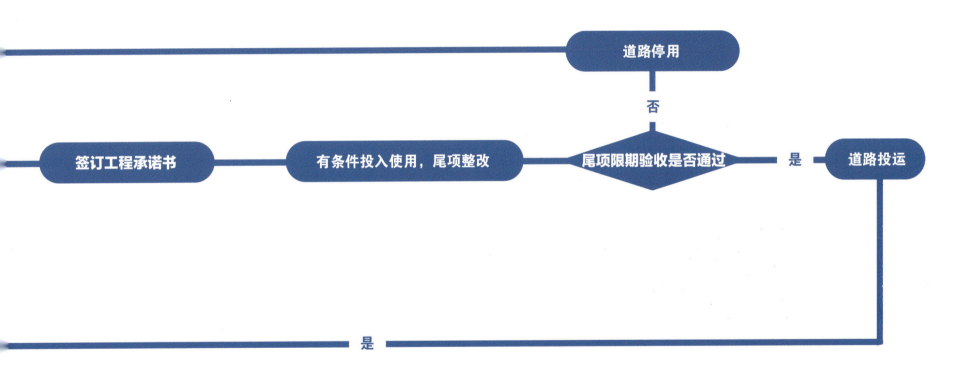

开始 → 收到气象台发布的台风气象预警信息 → 应急指挥中心开展预警响应 → 是否达到应急预案响应级别（蓝色、黄色、橙色、红色）—是→ 成立现场指挥部启动项目应急预案 → 发生人员伤亡、设备损坏、环境影响 —是→

1、及时传达给员工及相关单位（要达到相关班组）；
2、落实三防措施，开展检查、加固、清理工作。

1、专业应急小组采取应急准备行动，启动应急预案，应急小组行动方案；
2、各承包单位应急指挥部采取应急准备行动；
3、各承包单位应急办公室采取应急准备行动。

人身伤害事故发生　　**呼叫现场三警合一报警电话**　　**事故报告**

报警要点：

事发地点、人员受伤部位、受伤人数、接应地点。

1、现场人员立刻报告现场负责人；

2、现场负责人立即报告项目安全助理；

3、逐级上报至事故单位负责人及事故单位安全经理。

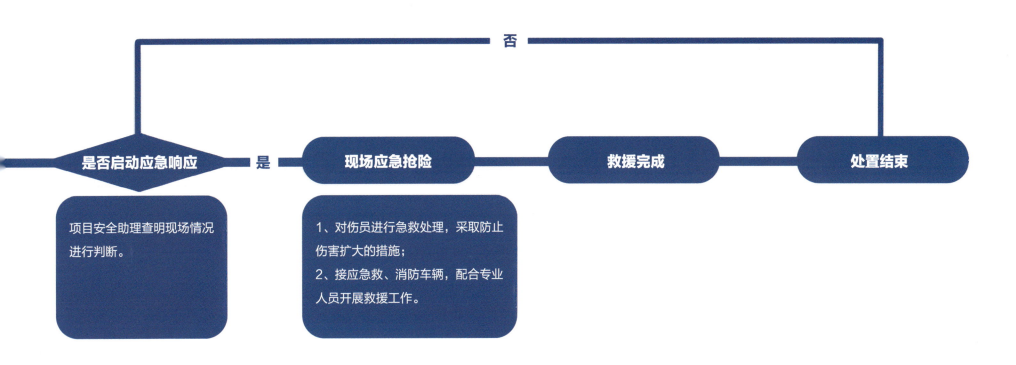

否

是否启动应急响应　　是　　现场应急抢险　　救援完成　　处置结束

项目安全助理查明现场情况进行判断。

1、对伤员进行急救处理，采取防止伤害扩大的措施；
2、接应急救、消防车辆，配合专业人员开展救援工作。

Clean

Clean Energy
一个清洁能源产业集团

Green

Green Power
一个绿色持续电力系统

Nature

Nature Sustainability
一种自然共生发展模式